Hiéronymus

Tours extraordinaires de

Mathémagique

ellipses

ISBN 2-7298-2649-1

© Ellipses Édition Marketing S.A., 2005
32, rue Bargue 75740 Paris cedex 15

Le Code de la propriété intellectuelle n'autorisant, aux termes de l'article L.122-5.2° et 3°a), d'une part, que les « copies ou reproductions strictement réservées à l'usage privé du copiste et non destinées à une utilisation collective », et d'autre part, que les analyses et les courtes citations dans un but d'exemple et d'illustration, « toute représentation ou reproduction intégrale ou partielle faite sans le consentement de l'auteur ou de ses ayants droit ou ayants cause est illicite » (Art. L.122-4).

Cette représentation ou reproduction, par quelque procédé que ce soit constituerait une contrefaçon sanctionnée par les articles L. 335-2 et suivants du Code de la propriété intellectuelle.

www.editions-ellipses.fr

Prologue

Un tour classique au temps des pharaons : transformer un bâton en serpent
Moïse et son frère Aaron luttent contre les magiciens de Pharaon – *Ancien Testament* – *Exode*

La magie avant l'apparition des math

Les illusionnistes ne pratiquent évidemment pas la magie telle qu'on l'entend au sens originel. En faisant des tours de « magie », ils ne prétendent tromper leur public que pour mieux l'amuser. Ils ne font pas croire à leur clientèle que ce qu'ils font est de la véritable magie bien qu'ils essaient, durant leur spectacle, de recréer une ambiance de magie véritable. Le terme de « magiciens » est cependant utilisé de nos jours pour désigner les illusionnistes.

Par contre, les « vrais » magiciens ou sorciers croient eux-mêmes ou font croire que la magie qu'ils pratiquent est véritable, autrement dit qu'ils sont capables d'avoir une action réelle sur des évènements, des personnes ou des phénomènes physiques.

Les sorciers ont dû exister très tôt dans l'histoire de l'humanité. Des gravures et peintures préhistoriques trouvées dans de nombreuses grottes dans le monde en font foi. Des pratiques magiques datant d'environ 30 000 ans avant notre ère ont été relevées par des spécialistes de la préhistoire. Le dessin ci-dessous a été découvert dans une grotte de l'Ariège. Il montre un homme portant un masque avec des cornes ; c'est très certainement un sorcier dont les pratiques magiques permettaient d'assurer le succès de la chasse, opération vitale pour la survie des hommes de l'époque.

Les sorciers ont-ils alors utilisés des objets ou des techniques qui relèvent de l'illusionnisme ? Il est impossible de le dire mais il est vraisemblable qu'ils devaient inventer des histoires et des mythes que ne désavouerait pas un illusionniste.

La sorcellerie est encore largement pratiquée de nos jours. Elle met en œuvre des croyances et des techniques dont la reproduction inchangée depuis des siècles atteste de la permanence de certaines modalités de fonctionnement de l'esprit humain. Des faiseurs de pluie et des devins guérisseurs exercent encore leur art de par le monde. Il n'est donc pas étonnant que nous trouvions dans nos annuaires téléphoniques les professions de voyant, numérologue, astrologue, médium, radiesthésiste, analyste des rêves, cartomancien, etc.

Après que les sorciers furent sortis des cavernes de la préhistoire, ils devinrent des magiciens et inventèrent de nombreuses techniques permettant des effets « magiques ». Ce furent les débuts de l'illusionnisme considéré non pas comme un amusement mais comme un moyen d'accroître un pouvoir. Les magiciens officiels étaient en effet au service des religions et des pouvoirs en place.

L'exemple suivant, tiré de la Bible, montre la lutte de Moïse et de son frère Aaron contre les magiciens du Pharaon de l'époque, c'est-à-dire environ 1 300 ans avant Jésus-Christ. Dans l'Exode de l'Ancien Testament, on peut lire :

Aaron jeta devant Pharaon et ses courtisans son bâton qui se transforma en serpent. Pharaon, à son tour, convoqua les sages et les enchanteurs. Et les magiciens d'Égypte, eux aussi, accomplirent par leurs sortilèges le même prodige. Ils jetèrent chacun leur bâton qui se changea en serpent.

Ce texte montre que la transformation d'un bâton en serpent était un des tours classiques du répertoire des magiciens de cette époque lointaine.

Certains magiciens au service de Pharaon étaient également des hommes de science. Les astronomes étaient à la fois astrologues et consultaient les cieux pour leurs prédictions. Les Égyptiens avaient commencé à développer la géométrie et l'arithmétique bien avant les Grecs mais surtout d'un point de vue utilitaire.

Pensée magique et mathématiques grecques

Il faut attendre l'éclosion de la science hellénique pour voir apparaître une mathématique à la recherche de théorèmes généraux. La primauté de la raison dans leurs travaux scientifiques n'empêcha pas cependant les philosophes grecs de rester imprégnés de la pensée magique de leur époque. Certains utilisèrent leurs connaissances mathématiques en vue d'interprétations qui n'avaient plus rien de rationnelles et que l'on peut qualifier de magiques.

Thalès de Milet (–625, –546) est considéré comme le fondateur de la géométrie grecque. *Pythagore* fut un disciple de Thalès avant d'aller s'installer en Égypte pour une longue période. Il passa vingt-deux ans dans les temples d'Égypte où il étudia la géométrie et l'astronomie. Pythagore revint en Grèce à l'âge de 56 ans et, après quelques nouvelles tribulations, s'installa à Crotone. Il devint le fondateur d'une École mathématique qui se développa à Crotone.

Outre les aspects purement mathématiques, les pythagoriciens étaient également préoccupés de géométrie et d'arithmétique dans le sens grec du terme, c'est-à-dire de la considération des propriétés des nombres. Ils superposaient aux recherches proprement mathématiques diverses considérations plus ou moins empreintes de magie et de mysticisme. Pour eux, certains nombres, tels que 2, 5, 7 et 10, avaient des propriétés magiques. Pour des raisons, entre autres, de « beauté géométrique », ils furent les premiers à soutenir l'opinion de la sphéricité de la Terre. Un disciple de Pythagore, *Philolaos de Crotone*, évoque bien cette magie du nombre en écrivant que « les nombres sont la cause permanente de tout ce qui arrive dans le monde. »

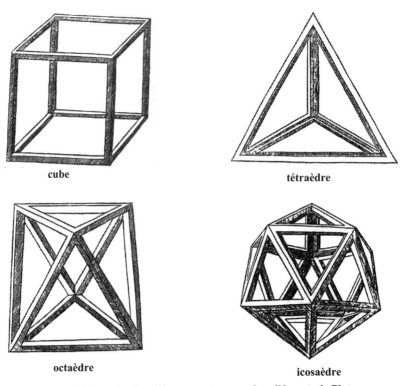

cube

tétraèdre

octaèdre

icosaèdre

Les polyèdres réguliers liés aux quatre premiers éléments de Platon

Les pythagoriciens ont défini et recherché les *nombres amiables*. Ces derniers sont basés sur la notion de *parties aliquotes* d'un nombre qui, dans l'ancienne arithmétique, désignaient tout diviseur autre que le nombre lui-même. Deux nombres sont amiables lorsque la somme des parties aliquotes de chacun est égale à l'autre nombre. C'est le cas, par exemple, de 220 et 284. Additionnant les parties aliquotes de 284, on obtient : $1 + 2 + 4 + 71 + 142 = 220$; de même pour les parties aliquotes de 220 : $1 + 2 + 4 + 5 + 10 + 11 + 20 + 22 + 24 + 55 + 110 = 284$. Les nombres amiables jouent encore un rôle important dans les disciplines ésotériques.

L'association « magique » du monde des êtres mathématiques au monde physique est sans doute la plus énigmatique chez Platon (–428, –348). Platon reprend une ancienne théorie selon laquelle Dieu a formé le monde à partir de quatre « éléments » : *terre, eau, air et feu.* Selon Platon, ces quatre éléments se transforment continuellement les uns dans les autres : l'eau gèle en pierre, donc en terre ; elle se transforme en vapeur, donc en air ; la terre donne naissance à des sources d'eau ; le feu s'éteint en air, etc.

Au-delà des changements que subissent ces « éléments », Platon cherche à découvrir leurs *essences spécifiques.* Faisant appel à la géométrie, il associe à ces essences quatre objets géométriques, les *polyèdres réguliers.* Ces volumes étaient connus et aux yeux des philosophes grecs ils incarnaient une certaine perfection. Ces quatre polyèdres, représentés page précédente, sont : le cube, le tétraèdre, l'octaèdre et l'icosaèdre ; chacun est respectivement associé à la terre, au feu, à l'eau et à l'air.

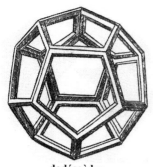
dodécaèdre

Ces quatre polyèdres étaient les seuls connus à une certaine époque et l'harmonie entre polyèdres et éléments semblait sans faille. Mais un cinquième polyèdre régulier fut découvert, le dodécaèdre pentagonal. Fallait-il trouver un nouvel élément ? Cela devenait impératif pour Platon car l'un de ses contemporains avait démontré que ce cinquième polyèdre était le dernier. Quelle tentation de clore la description magico-géométrique du monde en trouvant un cinquième élément dont l'essence spécifique venait d'être découverte. Platon invente alors l'*éther*, une entité mystérieuse qui imprègne les êtres animés. Le dodécaèdre vient ainsi s'insérer magiquement dans l'harmonie du monde.

Énigmes, jeux mathématiques et paradoxes

L'histoire antique et la mythologie fourmillent d'énigmes et de jeux mathématiques. Les puissants du monde aimaient se lancer des défis intellectuels et les Écoles de mathématique faisaient de même.

La fameuse énigme proposée par le sphinx de Thèbes reste l'une des plus connue. Le sphinx pose la question suivante à Œdipe : « Quelle est la créature qui, doué d'une seule voix et seul de tous les êtres, a successivement quatre pieds, deux pieds, trois pieds et qui a d'autant moins de force qu'il a plus de pieds ? »

Œdipe répondit sans hésiter : « C'est l'homme. D'abord enfant, il se traîne à quatre pattes, puis il se redresse debout sur deux jambes. Quand il devient un vieillard, le bâton sur lequel il s'appuie devient sa troisième jambe. » Le sphinx hurla de rage car maintenant que l'énigme était dévoilée, il avait perdu tout pouvoir.

Les Écoles de mathématique se défiaient en proposant des problèmes souvent difficiles à résoudre. C'est le cas, par exemple, du problème des *bœufs de*

Thrynacie proposé par *Archimède* à *Eratosthène de Cyrène*, chef de file de l'École d'Alexandrie. Les mathématiciens d'Alexandrie ne parvinrent pas à résoudre le problème qui conduit, il est vrai, à un système de sept équations à huit inconnues.

Les Anciens aimaient également les paradoxes mathématiques qui exerçaient alors une véritable fascination. Certains paradoxes relevaient purement de la logique ; d'autres résultaient de connaissances insuffisantes.

Succédant à la période hellénique, les Arabes continuèrent le développement des mathématiques dont leurs derniers éclats brillèrent jusqu'au 12e siècle. Les carrés magiques furent, entre autres, un thème de magie mathématique dans les pays arabes. La diffusion de la pensée arabe dans le monde latin se fit grâce au mouvement sans cesse accru de la traduction au cours des 12e et 13e siècles.

Les jeux mathématiques continuèrent de tout temps. Un grand nom de ces jeux est le fameux Leonardo Fibonacci (1175-1250) dit Léonard de Pise. Pour l'éprouver, l'empereur Frédéric II organisa en 1225 un tournoi de mathématiques à Pise que Fibonacci remporta haut la main, ses adversaires n'ayant pas résolu un seul des problèmes.

La chasse aux « magiciens »

Le déclin de la science antique va avoir lieu durant une longue période dans le monde occidental. L'intrusion de la magie et de l'astrologie dans de nombreuses sciences précipite ce déclin.

Alors que les religions polythéistes avaient considéré la magie comme une activité bien intégrée dans le contexte social, les religions monothéistes vont maudire les pratiquants de quelque genre de sorcellerie que ce soit. Loin de disparaître, les croyances magiques vont cependant se répandre.

La religion chrétienne condamnera toutes les pratiques magiques qui sont considérées comme maléfiques. Cela se fit progressivement au cours des siècles. Dans un capitulaire datant de 805, Charlemagne condamne les enchanteurs, fabricants de philtres, faiseurs de tempête ; tous ces sorciers « seront gardés en prison jusqu'à ce que, par l'inspiration divine, ils promettent la correction de leurs péchés. » Il est probable que l'inspiration ne devait pas manquer pour recouvrir la liberté.

C'est avec la création de la Très Sainte Inquisition, à partir de 1220, que commencèrent les persécutions les plus abominables. En principe, l'Inquisition ne devait s'occuper que de la sorcellerie hérétique. Mais du 14e jusqu'au 17e siècle, des problèmes politiques se mêlèrent aux procès, et cette période marqua l'apogée de la chasse aux sorcières.

Même l'art des bateleurs fut considéré comme étant de la sorcellerie diabolique. En 1579, Jean Bodin, avocat au Parlement de Paris, publia un traité de *Démonomanie des sorciers* dans lequel il s'attacha à démontrer que la prétendue dextérité des faiseurs de passe-passe n'était qu'un leurre destiné à détourner l'attention du véritable caractère diabolique de leur art : « Le Diable cherche à faire rire les gens afin que, trompés par leur gaîté, ils se laissent aller à l'impiété. »

Dans le tableau de Hieronymus Bosch, *l'escamoteur*, le caractère satanique du joueur de gobelets est expressément souligné. Un symbole révèle que l'escamoteur est un adepte du démon : un hibou sort la tête d'un petit panier d'osier qui pend à sa ceinture.

De nombreux escamoteurs se trouvèrent effectivement impliqués dans des procès de sorcellerie. Certains furent brûlés, d'autres décapités à la hache.

L'escamoteur – Peinture de Hieronymus Bosch (1450-1516) – Musée de Saint-Germain-en-Laye

Math et magie

La première moitié du 17e siècle constitue, dans l'histoire de la science, un épisode extraordinaire comparable seulement à celui qui, au 4e avant J.-C., avait marqué en Grèce le début même de la science. Cependant, si l'astronomie s'est développée de manière très rapide grâce à la lunette de Galilée, de nombreux astronomes pratiquaient encore, comme Kepler, l'astrologie.

Les mathématiques s'étaient développées de nouveau en Europe au cours du 16e siècle, particulièrement en Italie autour de la célèbre université de Bologne. L'Europe verra une accélération des découvertes mathématiques avec la naissance du calcul différentiel et intégral. Cependant, la plupart des mathématiciens ne conçoivent plus de théories philosophiques utilisant des résultats mathématiques imprégnés d'une pensée magique.

Par contre, les mathématiciens continuent à se lancer des défis selon la tradition antique. Par exemple, en 1658, Pascal lance « pour la gloire de Dieu » un défi portant sur six problèmes touchant la cycloïde. Ce sont des problèmes ardus, nécessitant la connaissance du calcul intégral, du genre : déterminer le centre de gravité du solide engendré par un segment de cycloïde tournant soit autour de sa corde, soit autour de l'axe de symétrie. Les concurrents ont trois mois pour répondre.

L'apparition des premiers ouvrages consacrés principalement à des récréations mathématiques date également du 17e siècle. C'est Claude-Gaspar Bachet, sieur de Méziriac, qui peut être considéré comme le premier mathématicien ludoéducatif avec son livre : *Problèmes plaisants et délectables qui se font par les nombres*. La magie a totalement disparue au profit du jeu et même de la divination grâce à des astuces mathématiques qui confinent à l'illusionnisme.

Il reste bien des amateurs qui continuent des traditions ancestrales comme celle de la Kabbale pratique. Celle-ci s'appuie, entre autres, sur la technique de la guématrie qui consiste à considérer chaque lettre des textes sacrés comme valeur numérique, chaque mot comme un total formé de plusieurs sommes. En calculant les valeurs numériques des mots, on établit des relations cachées permettant de repérer le sens secret des documents comme la Bible. Un codage des lettres est évidemment nécessaire ; le codage le plus fréquemment utilisé consiste à attribuer aux 22 lettres de l'alphabet hébreu des valeurs comprises entre 1 et 400. On constate une certaine filiation avec le codage des numérologues actuels.

Il ne faut pas croire que les élucubrations mathématico magiques ont disparus de nos jours. Dans l'ouvrage de Jean-Paul Delahaye, *Les inattendus mathématiques*, l'auteur se moque et fustige les numérologues et autres farfelus des pratiques pseudo mathématiques tout en faisant la différence avec les mathématiciens ludoéducatifs : « L'amour fou des chiffres conduit certains mathématiciens à des activités peu sérieuses, mais qui ne sont qu'un amusement sans prétention, contrairement aux activités des superstitieux du 666 ou des numérologues qui croient lire les secrets du monde dans les décimales de π. » À ce propos, Delahaye cite le cas d'un passionné de guématrie qui prétend avoir prouvé grâce à son délire magico numérique, que le nombre π et la Bible sont intimement liés.

Depuis le 17e siècle, les illusionnistes se sont servis de quelques procédés mathématiques pour réaliser des effets « magiques ». Les cartes à jouer ont surtout été utilisées dans ce but grâce à de multiples combinaisons astucieuses et quelques calculs souvent élémentaires. D'autres domaines des mathématiques servent également dans divers tours d'illusionnisme où ils sont présentés sous forme de mentalisme ou transmission de pensée. Enfin, d'autres présentations peuvent combiner des principes mathématiques avec des accessoires usuels du magicien.

J'ai rassemblé un certain nombre de tours classiques utilisant des principes mathématiques en les classant suivant diverses spécialités de cette science. Je décris également quelques tours de mon invention. L'alliance secrète des mathématiques et des techniques de l'illusionnisme permet ainsi la réalisation d'effets inexplicables que l'on peut qualifier de magiques, d'où le nom donné à cette discipline : la *mathémagique.*

Chapitre 1

Éloges de la logique

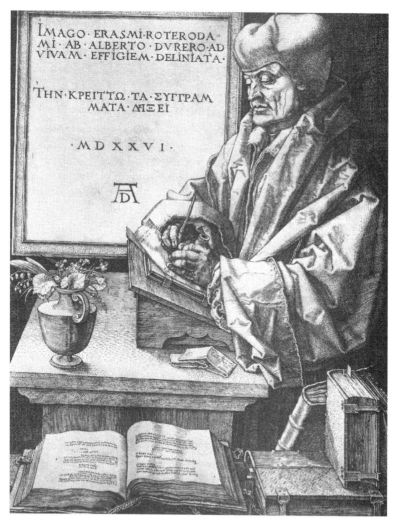

Érasme écrivant un traité plus ou moins logique dans les années 1506-1509 : *Éloge de la folie*
Érasme de Rotterdam – Gravure de *Albrecht Dürer* (1471-1528)

Pluralité des logiques

La mathémagique est-elle logique ? Répondre à une telle question suppose savoir ce qu'est la logique. Or, si l'on consulte l'ouvrage de Jean-Pierre Belna : *Histoire de la logique,* on prend conscience dès le début qu'il n'existe pas de définition simple de la logique. On s'aperçoit que s'il existe une logique classique, datant des Grecs anciens, d'autres logiques se sont développées au cours des siècles : logiques étendues, alternatives, floues, etc.

Pour la plupart des gens il n'existe que la logique classique. Celle-ci est bivalente : une proposition est soit vraie, soit fausse. C'est seulement à partir de 1920 que la première logique non bivalente est apparue : une tierce valeur est introduite qui n'est ni le vrai, ni le faux mais l'indétermination.

La logique floue est encore plus complexe. Il existe en effet des concepts flous comme jeune et beau, par exemple. On peut être plus ou moins jeune ou plus ou moins beau. En définissant une fonction d'appartenance on pourra dire que « Untel est beau à 20% » ou que « Machin a un degré de jeunesse de 40%. » Les affirmations peuvent donc être « plus ou moins vraies ».

Une algébrisation de la logique a vu le jour au cours de la première moitié du 19e siècle. George Boole (1815-1864) est le créateur de la symbolique moderne de la logique. Il s'était proposé d'appliquer le calcul algébrique à la logique et il devint ainsi le premier à la mathématiser vraiment. L'apport des algèbres de Boole à l'informatique est considérable. Elles ont très vite servi au traitement binaire des données et au découpage des calculs. Depuis leur récente axiomatisation, les algèbres de Boole constituent des structures mathématiques couramment utilisées en informatique.

La mise en œuvre de la logique pour réaliser un tour de mathémagique est pratiquement toujours la logique classique mise en forme par les anciens Grecs. C'est en effet Aristote (−384, −324) qui est considéré comme l'inventeur de la logique. Les hommes l'utilisaient bien avant lui mais Aristote l'a érigé en discipline autonome et a théorisé le raisonnement logique. Ainsi qu'il l'affirme lui-même :

Sur cette question, il n'y avait pas une partie déjà élaborée et une autre non : il n'existait absolument rien.

Le plus connu des raisonnements logiques étudiés par Aristote est le *syllogisme*. Le plus souvent cité est le suivant : « Tous les hommes sont mortels, tous les Grecs sont des hommes, donc tous les Grecs sont mortels. »

Le syllogisme comporte trois termes, unis deux à deux dans trois propositions : deux *prémisses* d'où découle la *conclusion*. Il met en évidence le caractère général de la logique aristotélicienne ; c'est un raisonnement juste en vertu de sa forme et non de son contenu.

Le terme syllogisme apparaît pour la première fois dans les *Topiques*, avec la définition suivante :

Discours dans lequel, certaines choses étant posées, quelque chose d'autre que ces données en résulte nécessairement par le seul fait de ces données.

La logique du menteur

L'histoire du menteur qui doit toujours mentir et de celui qui doit toujours dire la vérité est un vieux problème de logique qui a été publié dans de nombreux ouvrages de récréations mathématiques. Il est possible d'utiliser cette idée pour en faire un tour de mathémagique.

Ce que voient et entendent les spectateurs

Le magicien demande à trois spectateurs volontaires de venir sur scène pour jouer une comédie du temps d'Aristote. Il raconte que Aristote était son voisin de palier et qu'il est mort en escaladant le mont Olympe. Mais le magicien précise qu'il s'agit bien d'une comédie et non d'une tragédie grecque.

Dans cette comédie, explique le magicien, il y a un menteur qui doit toujours mentir et une personne qui doit toujours dire la vérité. Les rôles vont changer et c'est le troisième spectateur qui décide qui ment et qui dit la vérité.

Les rôles du menteur et de celui qui toujours la vérité sont distribués une première fois par le magicien. Afin de tester le menteur, il lui pose une question délicate : « J'ai ici un billet de 500 euros, aimeriez-vous que je vous en fasse cadeau ? » Le menteur doit répondre « Non ». Puis, le magicien s'éloigne et le troisième spectateur distribue les rôles sans que personne d'autres que les trois personnes concernées sachent qui est le menteur et qui dit toujours la vérité.

Le magicien remet un petit objet, une pièce de monnaie assez bizarre par exemple, à la personne chargée de distribuer les rôles, puis il se retourne. La pièce est remise secrètement à l'un des deux spectateurs, le menteur ou l'autre, qui la met discrètement dans sa poche.

Les deux spectateurs qui jouent un rôle sont face au public ; le troisième spectateur est dos tourné. Le magicien fait d'abord remarquer qu'il ne sait pas qui

13

est le menteur ou qui est celui qui dit toujours la vérité. Seuls les trois spectateurs le savent. Il pose alors une question à l'un des deux : « Voici ma question. Réfléchissez bien avant de me répondre. La pièce de monnaie se trouve-t-elle dans la poche de la personne qui ment ? »

Le spectateur répond, par exemple, « Oui ». Le magicien après avoir réfléchi, dit qu'il pense que ce n'est pas la personne qu'il a interrogée qui a la pièce mais l'autre. Il lui demande de sortir la pièce de sa poche ; c'est précisément la personne désignée qui a la pièce.

Les rôles entre les trois spectateurs sont changés. Celui qui distribuait les rôles devient acteur. Le magicien pose alors la question suivante à l'un des deux acteurs : « La pièce que je vous ai confiée est-elle dans la poche de la personne qui dit la vérité ? » Après réponse, le magicien désigne bien la personne qui possède la pièce.

Finalement, la même comédie est refaite en changeant encore une fois celui qui distribue les rôles. Le magicien pose de nouveau la question : « La pièce de monnaie se trouve-t-elle dans la poche de la personne qui ment ? » Il découvre aussitôt le porteur de la pièce.

Le travail caché du magicien

Ce tour ne nécessite ni matériel ni préparation. C'est la logique de la réponse à la question posée qui permet au magicien de découvrir immédiatement la personne qui possède la pièce de monnaie. Le raisonnement est très simple puisque la première question posée est : « « Est-ce le menteur qui a la pièce ? »

— Supposons que la question soit posée au menteur. S'il a la pièce dans sa poche, il doit répondre « Non » à la question puisqu'il doit toujours mentir. S'il n'a pas la pièce, il répondra « Oui » et mentira.

— Supposons à présent que la question soit posée à celui qui doit toujours dire la vérité. S'il a la pièce dans sa poche, il doit répondre « Non » ; s'il ne l'a pas, il répondra « Oui ».

Par conséquent, que le spectateur soit le menteur ou celui qui dit la vérité, celui qui a la pièce dans sa poche répond toujours « Non » ; celui qui ne l'a pas répond toujours « Oui ». Vous n'avez pas besoin de savoir s'il est le menteur ou celui qui dit la vérité.

Lorsque vous posez la question, si le spectateur répond « Non », c'est lui qui a la pièce ; s'il répond « Oui » ce n'est pas lui qui a la pièce et c'est donc l'autre.

Lors de la deuxième répartition des rôles, vous posez la question inverse : « Est-ce celui qui dit la vérité qui a la pièce ? » Cela renverse l'ordre des réponses. Si le spectateur répond « Oui », c'est lui qui a la pièce ; s'il répond « Non » ce n'est pas lui qui a la pièce, c'est l'autre.

Vous inversez de nouveau la question lors de la troisième répartition des rôles. Malgré la simplicité de la démarche logique, vous pouvez être certain que les spectateurs ne trouveront pas la solution à cette petite comédie du menteur découvert malgré lui.

Naviguez dans le zodiaque

Chacun connaît les signes du zodiaque et en particulier celui qui correspond à sa date de naissance. L'astrologie étant une pratique magique considérée comme sérieuse, il faut présenter la divination suivante en faisant appel aux mânes de Nostradamus et pourquoi pas à celles de Kepler qui, tout astronome scientifique qu'il fut, était également astrologue de son état.

Ce que voient et entendent les spectateurs

Le magicien rappelle que les signes du zodiaque datent de la plus haute antiquité. Les rois et les empereurs avaient à leur service un ou plusieurs astrologues afin de lire l'avenir dans les astres mais également de prévoir les éclipses grâce à leurs connaissances astronomiques. En fait l'astrologie a eu une influence bénéfique sur le développement de l'astronomie.

Le magicien demande à un spectateur s'il connaît bien le signe du zodiaque qui correspond à sa naissance. Il lui remet une feuille de papier et un crayon et, tournant le dos, il le prie d'écrire, en lettres d'imprimerie, le nom de son signe zodiacal. Puis le magicien demande au spectateur d'entourer une lettre du mot qu'il a écrit. Parfois c'est impossible, et le magicien passe à une lettre suivante. Finalement, il devine, peu à peu, quel est le signe zodiacal du spectateur.

Le travail caché du magicien

Le magicien utilise une suite de « questions » en suivant une progression logique parmi les différentes lettres qui existent dans les mots qui désignent les signes du zodiaque. L'astuce est de ne pas poser directement des questions du genre : « Y a-t-il la lettre O dans votre mot ? » Il faut le faire d'une manière détournée en remplaçant les questions par des expressions telles que : « Avec votre crayon, entourez la lettre O. »

La suite logique des lettres à demander est donnée par le tableau suivant où ce sont celles qui apparaissent le plus souvent dans les mots du zodiaque qui doivent être demandées en priorité. C'est évidemment la lettre E qui apparaît neuf fois sur douze qui est demandée la première ; puis, c'est la lettre A qui apparaît sept fois sur douze ; etc.

La découverte des signes va se faire dans l'ordre suivant :

Lion, scorpion, poisson ; vierge, bélier ; gémeaux, balance ; taureau, capricorne, cancer ; verseau, sagittaire.

La lettre E est demandée la première en disant : « Vous allez entourer une lettre du mot que vous avez inscrit, par exemple, la lettre E. » Si le spectateur répond que c'est impossible, vous dites que c'était un exemple et que le spectateur doit penser au mot qu'il a écrit afin que vous puissiez capter les lettres de ce mot. S'il n'y a pas de E, il s'agit nécessairement des signes : lion, scorpion ou poisson. Vous pouvez donc, sans risque d'erreur, affirmer que vous voyez nettement les lettres I et O qui flottent au-dessus de l'aura du spectateur.

Ensuite, « Vous ne voyez pas nettement s'il s'agit ou non d'un *S*. » Si le spectateur répond qu'il ne peut pas entourer de *S*, il s'agit du Lion ; s'il y a un seul *S*, il s'agit du scorpion et deux *S*, ce sont les Poissons.

Après avoir demandé d'entourer la lettre *E*, si le spectateur répond que c'est possible, vous passez à la lettre *A*. Le processus se poursuit selon les réponses oui ou non à la possibilité d'entourer les lettres demandées. On a donc le tableau suivant à copier quelque part afin de pouvoir le consulter aisément lorsque vous avez le dos tourné pour poser les questions.

E (non) ; *I* et *O* (sûrement oui) ; *S* (non, Lion), (oui, Scorpion ou Poissons) ; +*S* (non, Scorpion), (oui, Poissons)

E (oui) ; *A* (non) ; *I* et *R* (sûrement oui) ; *B* (oui : Bélier), (non : Vierge)

A (oui) ; *R* (non) ; *G* (oui : Gémeaux), (non : Balance)

R (oui) ; *S* (non) ; *T* (oui : Taureau), (non : Cancer ou Capricorne) ; *il reste seulement trois lettres à entourer* (oui : Cancer), (non : Capricorne)

S (oui) ; *G* (oui : Sagittaire), (non : Verseau)

Il faut diversifier la manière d'annoncer la découverte du signe zodiacal. Pour la Balance, par exemple : « Il me semble que vous êtes quelqu'un de très équilibré, ce doit être une sensation que je ressens parce que votre signe du zodiaque est en rapport avec cette sensation. Oui. Ce doit être cela. C'est la Balance. »

Si vous connaissez les dates qui correspondent à chaque signe, vous pouvez aussi vous en servir : « Vous devez être né durant une période chaude de l'année. C'est pour cela que vous dégagez une sympathie qui réchauffe l'atmosphère. »

Rappelons ces dates : Capricorne (21 décembre au 20 janvier), Verseau (21 janvier au 19 février), Poissons (20 Février au 20 mars), Bélier (21 mars au 19 avril), Taureau (20 avril au 20 mai), Gémeaux (21 mai au 21 juin), Cancer (22 juin au 22 juillet), Lion (23 juillet au 23 août), Vierge (24 août au 23 septembre), Balance (24 septembre au 23 octobre), Scorpion (23 octobre au 22 novembre), Sagittaire (23 novembre au 20 décembre).

Divination logique

Le tour suivant a été proposé par le sieur de Méziriac dans un ouvrage paru au début du 17ᵉ siècle. Nous parlerons plus longuement de cet auteur au cours du quatrième chapitre.

Ce que voient et entendent les spectateurs

Le magicien demande aux spectateurs s'ils pensent, comme le poète, que les objets inanimés ont une âme : « Objets inanimés avez-vous donc une âme, qui s'attache à notre âme et la force d'aimer. »

Quoi qu'il en soit des réponses, il invite trois spectateurs à venir le rejoindre car il suppose que ceux-ci ont une sensibilité particulière envers les objets. Il leur montre trois petits objets déposés sur une table : une statuette de Bouddha, une tête de mort en ivoire et une fleur. Il montre les objets à tous les spectateurs.

Prenant ensuite 24 jetons, le magicien donne 1 jeton à une première personne, 2 à une deuxième et 3 à la troisième. Il laisse les 18 jetons restants sur la table sur laquelle se trouvent les trois objets. Il tourne alors le dos. Il demande à chacun de prendre un des objets de son choix. Puis il ajoute que la personne qui a la statuette de Bouddha doit prendre autant de jetons qu'elle en a reçu ; que la personne qui a choisi la tête de mort prenne deux fois plus de jetons qu'elle en a déjà reçu ; que la troisième personne prenne quatre fois plus de jetons qu'elle n'en a reçu. Il demande à chacun de caché soigneusement l'objet qu'il a pris ainsi que les jetons.

Le magicien se retourne et demande à chacune des personnes qui participent à l'expérience de toucher l'objet qu'il a pris et de penser aux sentiments que cet objet évoque pour lui. « Objets inanimés avez-vous donc une âme qui s'attache à notre âme » répète-t-il. Puis, captant les ondes qui émanent des sensations de chacun, il révèle quel objet a été pris par chacun.

Le travail caché du magicien

Vous devez choisir trois objets pouvant engendrer des sentiments éventuellement très forts chez la personne qui en prend un sur la table. Il faut que les jetons deviennent un accessoire sans importance et qu'on arrive presque à les oublier. Vous distribuez les premiers jetons en vous rappelant à qui vous avez donné 1, 2 ou 3 jetons.

C'est le nombre de jetons qui restent sur la table qui va vous permettre de savoir qui a pris tel objet. Après vous être retourné, vous ne regardez pas tout de suite les jetons qui restent. Il faut auparavant mettre vos trois spectateurs en condition puis jeter un coup d'œil pour connaître le nombre de jetons restants.

Il peut rester sur la table 1, 2, 3, 5, 6 ou 7 jetons. Ces six nombres correspondent à six cas possibles de prises des jetons lorsque vous avez le dos tourné. Appelons A, E, I les objets. L'ordre dans lequel vous avez distribué les premiers jetons désignent respectivement la première (1 jeton), la deuxième (2 jetons) et la troisième personne (3 jetons). Si la première personne choisit l'objet A, la deuxième, l'objet E et la troisième l'objet I, nous écrirons cet ordre de choix sous la forme AEI. Il y a ainsi six possibilités de choix : AEI, EAI, AIE, EIA, IAE, IEA. Dans le premier cas, AEI, les trois personnes prennent respectivement 1, 4 et 12 jetons parmi les 18 restants. Il restera donc sur la table 1 seul jeton.

Dans le second cas, EAI, les trois personnes prennent respectivement 2, 2 et 12 jetons. Il restera donc 2 jetons sur la table. Passant en revue les six cas, on obtient le tableau suivant qui indique pour chaque personne l'objet qu'il a pris en fonction du nombre de jetons restants.

Restes	1	2	3	5	6	7
1e personne	A	E	A	E	I	I
2e personne	E	A	I	I	A	E
3e personne	I	I	E	A	E	A

Comment se rappeler la distribution des choix en fonction du nombre de jetons restants? Voici une phrase mnémonique donnée par le sieur de Méziriac afin de retrouver aisément cette distribution.

Par fer, César jadis devint si grand prince.

En prenant deux par deux les syllabes de cette phrase et en considérant les deux voyelles qui y figurent, on obtient la suite des voyelles qui désignent les objets et qui correspondent aux première et deuxième personnes du tableau précédent. La voyelle correspondant à la troisième personne s'en déduit alors.

S'il reste un jeton, les deux syllabes *Par fer* ont pour voyelles A et E ; la troisième voyelle est donc I. C'est le choix donné par la première colonne du tableau ci-dessus.

S'il reste 2 jetons, la deuxième paires de syllabes, *César*, a pour voyelles E et A ; la troisième voyelle est donc I. C'est la deuxième colonne du tableau ; etc.

Exemple

Les objets A, E, I sont respectivement le Bouddha, la tête de mort et la fleur. S'il reste 6 jetons sur la table, les deux syllabes à considérer sont *si grands*, soit les voyelles I et A. La première personne à qui l'on a donné au début un seul jeton a choisi l'objet I, c'est-à-dire la fleur. La deuxième personne a choisi l'objet A, soit la statuette de Bouddha. Enfin, la troisième personne a choisi l'objet E, la tête de mort.

Divertissements et curiosités délectables

Les problèmes de logique font partie des grands classiques des divertissements mathématiques. La période antique, voire la mythologie, fourmillent d'énigmes que se lançaient les grands du monde de cette époque : rois, héros et demi-dieux. Ainsi en est-il, par exemple, de l'énigme proposée par le Sphinx de Thèbes. Mais de véritables problèmes mathématiques étaient également posés tel celui des *bœufs de Thrynacie*, proposé par Archimède à Ératosthène de Cyrène, chef de file de l'école d'Alexandrie, et que les mathématiciens de cette école ne parvinrent pas à résoudre ; il est vrai que ce problème conduit à un système de sept équations à huit inconnues qui comportent donc plusieurs solutions. Intéressons-nous modestement à de petits problèmes logiques parmi les plus classiques.

Le portrait inconnu

Un jeune homme contemplait un très beau portrait dans une galerie de tableaux. Un amateur d'art qui passait par-là lui demanda : « Qui regardez-vous ainsi ? »

Le jeune homme répondit par cette énigme : « Je n'ai point de frère ni de sœur mais le père de cet homme, représenté sur le tableau, est le fils de mon père. »

De qui le jeune homme regardait-il le tableau ?

Solution

Un très grand nombre de personnes arrive à la conclusion que le jeune homme regarde son propre portrait. Ils auront même de la difficulté à admettre la véritable solution.

Si le jeune homme n'a ni frère ni sœur, il est évidemment fils unique. Mais cela ne signifie pas, bien qu'il parle du fils de son père, qu'il soit nécessairement l'homme du portrait. Puisqu'il est fils unique, « le fils de mon père » c'est évidemment lui. Par conséquent, « le père de cet homme, représenté sur le tableau » c'est lui, donc cet homme représenté sur le tableau c'est son fils. Ce n'est pas parce que c'est un jeune homme qu'il n'a pas d'enfant.

Qui rase le barbier ?

Sur l'enseigne du seul barbier du petit village de Barbes-les-Mimosas, on peut lire : *Je rase tous les hommes du village qui ne se rasent pas eux-mêmes.*

La question posée est : « Qui rase le barbier ? »

Solution

Ce n'est pas le barbier qui se rase lui-même car, dans ce cas, son enseigne serait fausse puisqu'il raserait quelqu'un qui se rase lui-même. Cependant son enseigne ment quand même car s'il ne se rase pas lui-même il ne raserait pas tous les hommes du village qui ne se rasent pas eux-mêmes. Finalement, c'est de la publicité mensongère.

C'est un paradoxe imaginé par le mathématicien et philosophe britannique Bertrand Russel (1872-1970). Il a inventé l'énoncé précédent pour vulgariser son plus célèbre problème publié en 1903 :

Si A est l'ensemble de tous les ensembles qui ne sont pas éléments d'eux-mêmes, A est-il contenu dans A ?

Comment sauver sa vie ?

Un soldat crétois est fait prisonnier par les Turcs. Le Grand Mamamouchi qui commande l'armée se délecte de problèmes logiques mais n'arrive jamais à les résoudre. Par contre, il adore en inventer lui-même et les poser à son grand vizir qui les résout sans mal mais fait semblant d'y mettre le temps. Il fait comparaître le soldat crétois et lui donne le choix suivant :

« Vous avez le droit de prononcer une seule phrase. Si l'énoncé de votre phrase est vrai alors vous serez pendu, s'il est faux, vous serez fusillé. »

Quelle phrase le malheureux soldat peut-il trouver pour sauver sa vie ?

Solution

S'il croyait condamner à mort le soldat, le Grand Mamamouchi s'est trompé. Le prisonnier répond en effet : « Je serai fusillé » ce qui lui assure la vie sauve.

En effet, il ne peut pas être fusillé, sinon il aurait dit la vérité. Il ne peut pas non plus être pendu car, dans ce cas, l'énoncé de sa phrase serait faux.

Des phrases bien encadrées

> Dans ce cadre, il y a exactement une phrase vraie.
> Dans ce cadre, il y a exactement une phrase fausse.
> Dans ce cadre, il y a exactement deux phrases vraies
> Dans ce cadre, il y a exactement deux phrases fausses.

Combien de phrases du cadre sont-elles vraies en même temps ? Combien y a-t-il de solutions à cette question ?

Solution
1. La première phrase est vraie ; dans ce cas, les trois autres sont fausses.
2. Les deux dernières phrases sont vraies ; dans ce cas, les deux premières sont fausses.
3. Aucune phrase n'est vraie ; dans ce cas, les quatre phrases sont fausses.
Il y a donc trois solutions qui répondent à la question posée.

L'âge du capitaine et celui du lieutenant

On parle souvent de l'âge du capitaine mais pas de celui du lieutenant. Alors étudions le problème suivant où le capitaine nous dit :
« J'ai deux fois l'âge que le lieutenant avait quand j'avais l'âge que le lieutenant a. Et quand le lieutenant aura l'âge que j'ai, nous aurons à nous deux 72 ans. »
Quels sont les âges du capitaine et du lieutenant ?

Solution
Appelons x l'âge du capitaine et y l'âge du lieutenant. Le problème est de traduire en équations les données précédentes.
Quand le capitaine avait l'âge y qu'a actuellement le lieutenant, quel était l'âge de ce dernier ? La différence d'âge entre le capitaine et le lieutenant est égal à $(x - y)$. Quand le capitaine avait l'âge y, le lieutenant avait $(x - y)$ de moins ; l'âge du lieutenant à cette époque était donc : $[y - (x - y)]$.
L'âge du capitaine étant égal à deux fois celui que le lieutenant avait à cette époque, on obtient ainsi une première équation : $x = 2[y - (x - y)]$.
Quel sera l'âge du capitaine lorsque le lieutenant aura atteint l'âge x ? Le capitaine aura son âge actuel x augmenté de la différence d'âge $(x - y)$. L'âge du capitaine sera donc : $x + (x - y)$. La somme des âges du capitaine et du lieutenant donne une seconde équation : $[x + (x - y)] + x = 72$.
La première équation s'écrit après réduction : $3x = 4y$; la seconde devient : $3x = y + 72$. On a donc $3y = 72$, d'où : $y = 24$, $x = 32$.

La mouche du train

La Fontaine a raconté l'histoire de la mouche du coche ; le modernisme aidant parlons de la mouche du train.

Deux trains, A et B, partent en même temps de deux gares éloignées de 200 kilomètres l'une de l'autre. Ils circulent tous les deux à la vitesse vertigineuse de 50 kilomètres à l'heure.

Une mouche qui vole à la vitesse de 75 km/h s'amuse à voler d'un train à l'autre. Elle s'envole du train A juste au moment de son départ, et vole en direction du train B. Lorsqu'elle est arrivée à la hauteur du train B, elle repart aussi sec en direction du train A. Comme c'est une fine mouche qui aime s'amuser et qui a de la suite dans les idées, elle continue ses va-et-vient d'un train à l'autre. Elle s'aperçoit d'ailleurs que les trains circulent sur une même voie.

Combien de kilomètres aura parcouru la mouche avant que les trains se télescopent ?

Solution
Selon une première méthode de calcul, il suffit de trouver la distance parcourue par la mouche lors d'un aller entre A et B, puis lors d'un retour entre B et A, et de continuer ainsi pour chaque va-et-vient. En faisant l'addition de tous ces trajets, on obtient la réponse à la question. C'est long et fastidieux.

Une seconde méthode consiste simplement à considérer que les deux trains auront parcouru chacun 100 km lorsqu'ils se rencontreront puisqu'ils roulent à la même vitesse. Ils auront ainsi roulé durant 2 heures. La mouche vole donc aussi durant 2 heures à la vitesse de 75 km/h ; elle aura parcouru 150 kilomètres.

Le loup, la chèvre et le choux

Terminons par un célèbre petit problème que connaissaient tous les enfants aussi nous laissons le lecteur trouver seul la solution. Un ermite écologiste cultive des choux dans son jardin au fond des bois. Il élève également des chèvres et il a domestiqué un loup de la forêt. Il désire aller au village voisin vendre ses choux et une de ses chèvres pour se faire un peu d'argent afin de s'acheter un vélo tous terrains. Il emmène avec lui le loup pour se protéger des brigands.

Sur son chemin, il faut qu'il traverse une rivière mais sa barque est si petite qu'elle ne peut contenir, en plus de lui-même, qu'un seul de ses animaux ou seulement son panier de choux. Comment va-t-il se débrouiller sachant que le loup n'attend que d'être seul avec la chèvre pour la dévorer ; la chèvre espère aussi être seule avec les choux pour les déguster tranquillement ?

Partage de huit pintes de vin entre deux bons compagnons

Le sieur de Méziriac propose à la fin de son ouvrage « Quelques autres petites subtilités des nombres qu'on propose ordinairement. » Dans le même ordre d'idée que l'histoire précédente du loup, de la chèvre et des choux, voici une histoire de transvasements multiples.

Deux bons compagnons ont 8 pintes de vin à se partager entre eux également, lesquelles sont dans un vase contenant justement 8 pintes. Pour faire leur partage, ils n'ont que deux autres vases dont l'un contient 5 pintes et l'autre 3. On demande comment ils pourront partager justement leur vin en ne se servant que de ces trois vases.

Solution

Appelons 8, 5, 3 les vases dont les contenances sont respectivement 8, 5 et 3 pintes. Voici une suite d'opérations comportant le moins de transvasements possibles :

1. Le vase de contenance 8 pintes est plein puisque par hypothèse le vase contient « justement 8 pintes. » On verse 5 pintes dans le vase de cette contenance. Il reste alors 3 pintes dans le vase de contenance 8.

2. Avec le vase rempli de 5 pintes, on verse 3 pintes de vin dans le vase de contenance 3. Il en reste 2 dans celui de contenance 5.

3. On verse les 3 pintes du vase de contenance 3 dans celui de contenance 8. Ce dernier contient alors 6 pintes de vin.

4. Les 2 pintes qui restent dans le vase de contenance 5 sont versées dans le vase de contenance 3. Le vase 5 ne contient plus de vin ; le vase 3 contient 2 pintes.

5. On verse 5 pintes du vase de contenance 8 dans celui de contenance 5. Il reste 1 pinte dans celui de 8. Le vase 5 contient 5 pintes de vin.

6. Puisqu'il y a 2 pintes dans le vase de contenance 3, on verse 1 pinte supplémentaire dans celui-ci à partir du vase 5. Il reste donc 4 pintes dans le vase 5 et 3 pintes dans le vase 3 qui est plein.

7. On verse les 3 pintes du vase 3 dans celui de contenance 8 ; puisqu'il contenait déjà une pinte, il contient à présent 4 pintes.

Le problème est ainsi résolu puisque le vase de contenance 8 contient à présent 4 pintes et celui de contenance 5 également 4 pintes. Cette solution peut être représentée sous forme du tableau suivant.

Vases	Nombres de pintes dans chaque vase après chaque transvasement						
Vase 8	8	3	3	6	6	1	1	4
Vase 5	0	5	2	2	0	5	4	4
Vase 3	0	0	3	0	2	2	3	0

Cette solution peut être trouvée par tâtonnements. Cependant le sieur de Méziriac résout le problème dans son ouvrage, en effectuant un raisonnement logique très ingénieux et subtil. Il applique ce genre de logique à d'autres exemples, montrant qu'il suffit de 11 transvasements lorsqu'on opère avec des vases de 42, 27 et 12 pintes. Il faut 15 transvasements pour résoudre le même problème avec des vases de 16, 11 et 6 pintes. Rappelons qu'une pinte parisienne était une ancienne mesure de capacité des liquides, valant 0,93 litre, et que, par conséquent, on peut largement se pinter avec quatre pintes de bon vin.

B. Picart   del. 1729.

Chapitre 2

Topologie bien ficelée

Déesses bien entrelacées
Sculpture en marbre blanc du temple jaïn d'Adinatha – 15ᵉ siècle – Rajasthan

Les ficelles de la topologie

Considérons un ballon en baudruche suffisamment gonflé pour former une sphère. En comprimant cette sphère, on peut la déformer continûment par suite de l'élasticité de la surface et obtenir, par exemple, une forme tubulaire ressemblant à une saucisse. Par contre, une chambre à air de roue de vélo a la forme d'un tube dont les extrémités sont soudées l'une à l'autre ; c'est un volume appelé un tore. Celui-ci comporte un trou au centre et il ne peut pas être déformé continûment afin d'obtenir une sphère.

Lorsqu'un magicien fait un nœud sur une ficelle ou tout au moins semble en faire un, l'entrelacs qu'il montre au public est-il réellement noué ou non ? Répondre à une telle question est un problème de topologie des nœuds. Si, en tirant sur les deux bouts de la ficelle, le nœud s'évanouit mystérieusement, c'est que l'entrelacs n'était pas vraiment noué. Finalement cet entrelacs peut donc se déformer de manière continue en un simple bout de ficelle linéaire.

Cette notion intuitive de déformation continue permettant de passer d'une forme à une autre, ainsi que de l'impossibilité de passer continûment de certaines formes à d'autres, est à la base de la topologie. Celle-ci est la partie des mathématiques qui étudie cette notion de continuité et de limite. C'est Henri Poincaré (1854-1912) qui est considéré comme l'inventeur des bases mathématiques de la topologie algébrique et différentielle.

Les nœuds peuvent être étudiés d'un point de vue topologique où le nœud est conçu comme la réunion d'un nombre fini de courbes fermées. La conception usuelle d'un nœud est celui qui se trouve sur une ficelle qui possède deux extrémités libres. Par contre, pour le mathématicien, c'est une courbe fermée de l'espace sans point d'intersection. Pour passer des nœuds réels aux nœuds abstraits des mathématiciens, il suffit de recoller l'un à l'autre les deux bouts de la ficelle. Ce collage a des conséquences importantes car chacun sait, par expérience, que l'on peut défaire n'importe quel nœud en faisant glisser une des extrémités libres à travers les boucles du nœud. Par contre, si les deux extrémités sont reliées, cette manipulation est en général impossible, car en défaisant une boucle on en crée une autre ailleurs.

Un problème fondamental de l'étude des nœuds est d'arriver à savoir si deux nœuds sont du même type, c'est-à-dire sont déformables l'un en l'autre. En voyant des nœuds compliqués on ne peut souvent pas dire s'ils sont de même type après déformation. Il semble difficile de savoir si le nœud ci-dessous, à gauche, peut se transformer en celui du centre, puis de droite. C'est cependant possible ; c'est peut-être ce qu'on appelle un heureux dénouement.

La bande à Möbius

Cette célèbre bande n'est pas celle d'un gang dirigé par un certain Möbius mais un objet topologique bien connu qui possède des propriétés mathémagiques. August Möbius (1790-1868) a en effet inventé une surface à un seul bord et une seule face formée par la torsion d'une bande de papier refermée en elle-même.

Pour fabriquer une telle bande, vous prenez un ruban de papier. L'une des extrémités du ruban étant fixe, vous saisissez l'autre extrémité et vous faites une torsion de 180 degrés dans le sens longitudinal. Vous ramenez les deux extrémités ensembles pour former un cercle et vous les collez l'une sur l'autre (Fig. 2.1).

Figure 2.1

Imaginons que vous êtes une fourmi et que vous vous baladez sur cette bande. En vous promenant, vous pouvez passer d'une face à l'autre de la bande sans franchir aucun bord. En d'autres termes, vous pouvez avancer indéfiniment sans jamais rencontrer la fin de votre univers à une dimension. Notre espace-temps est-il une bande de Möbius à quatre dimensions ?

De même, si vous partez d'un point situé sur le bord de la bande et si vous suivez toujours le bord, vous revenez à votre point de départ après avoir fait deux tours. La bande n'a donc qu'un seul bord et une seule face. Certaines astuces permettent d'utiliser cette bande afin d'obtenir différents effets magiques.

Ce que voient et entendent les spectateurs

Le magicien demande à un spectateur de venir l'aider à faire des découpages. Il présente deux anneaux de papier. Il en garde un pour lui et donne l'autre au spectateur. Il remet à son aide une paire de ciseaux et lui demande s'il est droitier ou gaucher « ce qui n'a aucune importance pour la suite du tour. »

Le magicien coupe l'anneau de papier dans le sens de la longueur et obtient deux anneaux séparés plus minces ainsi que cela semble logique. Par contre, après avoir découpé son anneau, le spectateur obtient un seul anneau deux fois plus grand que celui de départ (Figure 2.2).

Le magicien s'étonne du talent de son aide. Il lui remet alors un autre anneau et lui demande de le couper également dans le sens de la longueur. Le résultat est étonnant car le spectateur obtient deux anneaux identiques enclavés l'un dans l'autre.

Le magicien demande au public d'applaudir un tel talent de découpeur d'anneau. Il lui fait cadeau des anneaux obtenus.

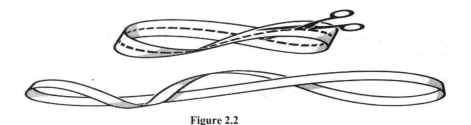

Figure 2.2

Matériel nécessaire et préparation

1. Des bandes de papier que vous pouvez découper dans un journal. Des bandes de papier en couleur sont d'un plus joli effet. De la colle.

2. Deux paires de ciseaux.

Préparation

Une bande de papier sert à fabriquer, par collage des extrémités l'une sur l'autre, un anneau normal, sans torsion.

La deuxième bande sert à former un anneau de Möbius. Il faut une bande de papier suffisamment longue pour que la torsion ne soit pas trop visible pour le public lorsque le spectateur commence à découper son anneau.

La troisième bande forme un anneau de Möbius à double torsion. Pour cela, les extrémités de la bande subissent une torsion de 360 degrés, dans le sens longitudinal, l'une par rapport à l'autre (Figure 2.3). Il faut également une bande de papier assez longue.

L'amorce d'une coupure dans les bandes permet au spectateur de commencer facilement sa découpe.

Figure 2.3

Pour une fois, le magicien n'a pratiquement rien à cacher. Il remet les bandes de papier au spectateur et laisse celui-ci faire son découpage. Si la bande est suffisamment longue, la torsion passe inaperçue.

Surprenantes découpes

Un anneau de Möbius ordinaire (Figure 2.1) réserve d'autres surprises. Vous pouvez éventuellement compléter la présentation précédente en découpant un anneau de Möbius de deux autres manières différentes.

Une première méthode consiste à couper dans le sens de la longueur non pas au milieu de la largeur de l'anneau ainsi que le montre la figure 2.2 mais en coupant au tiers de sa largeur. Après avoir fait une fois le tour de l'anneau, la paire de ciseaux arrive à la hauteur du début de la découpe mais dans le tiers opposé de la largeur. Vous pouvez donc continuer le découpage en ayant parcouru deux fois la longueur de la bande formant l'anneau. Après un nouveau tour complet, vous revenez au point de départ, les ciseaux ayant parcouru une seule ligne continue de coupe. Vous obtenez alors deux anneaux enclavés l'un dans l'autre : un anneau normal à deux faces et un nouvel anneau de Möbius (Figure 2.4).

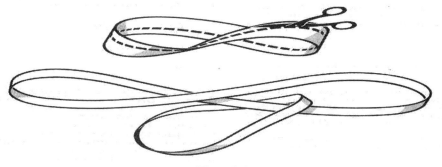

Figure 2.4

Pour faire encore plus surprenant avec une bande assez large, vous pouvez commencer la découpe le long d'une ligne commençant au quart de la largeur de la bande. C'est un peu long et je vous laisse la surprise du résultat.

Möbius chez les Chinois

Dans son remarquable ouvrage, *Newspaper Magic*, Genne Anderson décrit la présentation des trois bandes : normale, à torsion simple, à double torsion, au cours de laquelle le magicien donne à faire le collage des bandes à un spectateur. Cette mise en scène est accompagnée d'une histoire de prières aux Dieux merveilleusement adaptée aux divers effets du tour.

Seule la technique de ce collage devant le public est décrite ici. Elle permet de faire croire que les trois anneaux sont normaux puisqu'ils sont réalisés devant le public.

Matériel nécessaire et préparation

1. Un plateau en bois d'environ 10 cm de large sur 30 cm de long.
2. Trois pinces en métal ou en plastique fixées sur le plateau par des vis. L'extrémité de chaque pince peut se soulever aisément. La figure 2.5 montre le plateau, vue de dessus, sur laquelle sont fixées les pinces.
3. Trois bandes de papier. Du ruban adhésif.

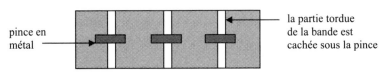

Figure 2.5

Préparation
Les trois bandes de papier sont fixées sous les pinces ; les bandes pendent de chaque côté du plateau en bois. La première est placée à plat sans torsion. La deuxième est tordue une fois (180 degrés) et la torsion est cachée sous la deuxième pince. La troisième subit une double torsion (360 degrés) cachée sous la troisième pince. Un morceau de ruban adhésif est fixé à une extrémité de chaque bande ce qui permet un collage instantané.

Le travail caché du magicien

Lors de la présentation du tour, la première bande sans torsion est enlevée du plateau par le magicien qui soulève une extrémité de la pince. Une spectatrice est invitée à venir aider le magicien et elle est priée de coller ensemble les deux extrémités de la bande pour former un anneau normal.

Le magicien lui demande ensuite de confectionner deux autres anneaux avec les bandes fixées sur le plateau mais la spectatrice le fait sans les enlever de leur fixation sur le plateau. Puis il la prie de tenir le plateau autour duquel pendent les anneaux.

L'histoire imaginée par le présentateur de ce tour est tellement parfaite qu'elle donne l'impression que la magie des bandes découpées existe réellement dans la tradition chinoise.

Super Möbius

La découpe des anneaux de Möbius en papier est parfois un peu longue et des magiciens pressés ont remplacé le papier par une étoffe de mousseline. Celle-ci peut être déchirée très rapidement à la main, dans le sens longitudinal, ce qui remplace la découpe par les ciseaux.

De plus, une seule bande de mousseline permet de combiner ensemble les effets obtenus avec les trois bandes. Différentes versions ont été imaginées et nous en avons retenu une qui permet d'obtenir les trois effets classiques.

Ce que voient et entendent les spectateurs

Le magicien montre un anneau de mousseline qui peut servir pour faire une jolie ceinture. Sa femme trouve que la ceinture est trop large et il la dédouble en la déchirant en deux.

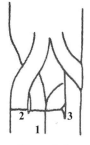

Il veut ensuite donner l'autre morceau à une amie de la famille mais cette amie est obèse et la ceinture est trop petite. Qu'à cela ne tienne, le magicien déchire de nouveau un anneau et il obtient une ceinture deux fois plus longue.

Enfin, sa femme ayant trouvé en solde un autre tissu qui lui plait mieux, le magicien propose de donner la mousseline à ses voisines mais ce sont des sœurs siamoises. Il déchire la ceinture en deux et obtient deux anneaux enclavés l'un dans l'autre, comme des siamoises.

Figure 2.6

Matériel nécessaire et préparation

Une large bande de mousseline est utilisée. L'une de ses extrémités est découpée, sur une longueur d'une dizaine de centimètres, en quatre bandes longitudinales d'égale largeur. Ces bandes sont collées à la colle pour tissu sur l'autre extrémité en les tordant comme indiqué sur la figure 2.6.

Le travail caché du magicien

En prenant en main l'anneau de mousseline, vous pouvez aisément cacher la partie découpée et torsadée. En déchirant la mousseline dans le milieu de sa largeur, noté 1 sur la figure 2.6, vous obtenez deux anneaux de longueur égale.

Pour obtenir un seul grand anneau, il faut déchirer par le milieu, noté 2 sur la figure 2.6, la bande de Möbius ordinaire. L'entaille effectuée lors du montage vous permet de déchirer sans effort cette bande et d'obtenir un anneau de dimension double.

Finalement, pour obtenir deux anneaux enclavés l'un dans l'autre, rappelant la liaison entre des sœurs siamoises, il suffit de déchirer la bande à partir de l'endroit numéroté 3.

Topologie d'un faux nœud

Les faux nœuds réalisés sur une corde sont des objets topologiques intéressants puisqu'ils se défont en tirant sur les extrémités de la corde. Ils sont donc équivalents au nœud le plus simple en topologie c'est-à-dire à une boucle.

Ils sont en même temps très utiles pour le magicien qui les utilise pour les tours de cordes. Voyons la technique la plus élémentaire pour fabriquer un faux nœud en donnant l'illusion parfaite d'en réaliser un vrai.

La main gauche tient une corde à l'emplacement où vous voulez faire un nœud. La main droite prend une extrémité de la corde et vient vers la main gauche pour former une grande boucle qui pend verticalement. Le haut de la boucle est alors bloqué entre le pouce et l'index de la main gauche. Au lieu d'introduire l'extrémité de la corde dans la boucle par derrière, la main droite introduit l'extrémité de la corde dans la boucle *par devant*.

Si les deux mains continuaient de tirer la corde sans rien faire, aucun nœud ne se formerait, la corde glissant sur elle-même. Pour former un faux nœud, l'index de la main gauche pousse une petite boucle dans la grande pendant que les deux mains tirent sur la corde, entraînant la fermeture de la grande boucle. Celle-ci enserre progressivement la petite boucle et les deux mains serrent le faux nœud ainsi formé.

Lorsqu'un tel faux nœud est vu du côté opposé à la petite boucle qui dépasse légèrement, il ressemble à s'y méprendre à un véritable noeud. Si les différentes phases de formations du faux nœud ont été réalisées d'un mouvement souple et continu, comme s'il s'agissait d'un nœud véritable, les spectateurs penseront qu'il s'agit d'un nœud ordinaire.

Il ne faut pas trop serrer le faux nœud si vous voulez le défaire facilement. Le faux nœud étant caché dans une main, vous tirez alternativement sur les deux extrémités de la corde pour le défaire sous prétexte de lisser la corde. Si le faux nœud est trop serré, vous serez obligé de faire un effort en tirant sur la corde et il en résultera un mouvement saccadé lorsque le nœud se défera.

Un heureux dénouement

Le tour suivant est classiquement présenté en utilisant un faux nœud qui coulisse sur une corde, présent dès le début du tour et qu'il faut dissimuler. En formant un faux nœud devant les spectateurs le tour se simplifie.

Ce que voient et entendent les spectateurs

« Je vais vous raconter l'histoire d'une jeune fille qui était souple comme une liane ce qui fait que ses amies l'avait surnommée *Liane* » commence le magicien en montrant une corde blanche très souple qu'il fait onduler. Puis il pose la corde sur son épaule et va chercher dans sa poche une autre corde rouge.

« Cette demoiselle était amoureuse d'un cordon … bleu. C'était un cuisinier de très grande classe et la demoiselle était très gourmande ce qui n'empêche pas les sentiments. Mais ce gentil garçon était très timide, tellement timide qu'il rougissait sans cesse. Lorsqu'il se promettait de déclarer sa flamme à cette *Liane,* sa gorge se nouait et il était incapable de sortir le moindre mot. » Tandis que le magicien raconte les émois du cuisiner, il fait un nœud sur la corde rouge et pose ce nœud sur sa gorge pour illustrer les difficultés de son héros.

« Un soir que *Liane* avait invité son cuisinier à venir écouter de la musique chez ses parents — ceux-ci étaient partis comme par hasard ce soir-là au cinéma — ils commencèrent par s'embrasser, puis se caressèrent et même étroitement s'enlacèrent. » Pendant qu'il raconte cette soirée romantique, le magicien reprend la corde blanche qui est sur son épaule et la place dans la main qui tient déjà la corde rouge. Puis il caresse amoureusement les deux cordes ensembles et continue à les entortiller l'une autour de l'autre en les faisant tourner.

« Dans ces histoires, après un certain temps, chacun sait comment les choses se dénouent. » Le magicien ouvre la main qui tient les cordes rouge et blanche et les sépare. Il montre que le nœud qui était sur la corde rouge a disparu alors qu'un nœud rouge apparaît sur la corde blanche.

Matériel nécessaire et préparation

1. Une corde rouge ordinaire d'environ un mètre de longueur.

2. Une corde blanche d'un mètre environ sur laquelle a été fixé un nœud rouge. La corde blanche a été coupée à environ 20 centimètres d'une extrémité. Un morceau de corde rouge d'environ 10 centimètres est fixé entre les deux extrémités de la corde blanche. On fait un simple nœud rouge avec la corde ainsi préparée, à l'endroit où se trouve le morceau de corde rouge.

Préparation

La corde rouge est placée dans une poche du veston du magicien. La corde blanche doit être placée dans la poche opposé. Elle peut également être mise dans un récipient placé sur une table.

Le travail caché du magicien

Lorsque vous sortez la corde blanche de votre poche, il faut que la corde soit repliée de telle sorte qu'en la tirant de la poche le nœud rouge soit caché dans la paume de votre main, les doigts repliés.

Puis, après avoir montré cette corde et sa souplesse, vous la lancez par-dessus votre épaule de façon que le nœud rouge se trouve caché dans votre dos. Le mouvement est fait naturellement puisque vous allez aussitôt après chercher la corde rouge dans la poche opposée. Il faut naturellement qu'il n'y ait pas de spectateurs situés dans un angle de vision permettant de voir le nœud.

Vous faites ensuite un faux nœud sur la corde rouge, à une vingtaine de centimètres d'une extrémité de la corde. Vous serrez suffisamment, mais cependant pas trop, le nœud afin qu'il paraisse normal. Vous le posez ensuite sur votre gorge pour bien le mettre en évidence tout en racontant que le cuisinier est très timide.

Vous récupérez ensuite la corde blanche qui se trouvait sur votre épaule. Pour cacher correctement le nœud qui se trouve sur la corde blanche, il faut tirer d'une main sur le bout de la corde qui pend devant vous tout en la faisant glisser dans l'autre main qui doit se trouver à hauteur de l'épaule. En glissant, le nœud arrive dans la main et est ainsi complètement caché.

Vous rassemblez les deux cordes dans une seule main. Le faux nœud de la corde rouge ainsi que le noeud rouge de la corde blanche sont tous les deux cachés dans la main qui tient les deux cordes. En caressant les cordes, vous tirez sur la rouge et défaites aisément le faux nœud. Les extrémités libres des deux cordes sont prises par la main opposée à celle qui tient le nœud restant et vous entortillez les deux cordes en les faisant tourner comme une corde à sauter.

La main qui cachait le nœud rouge lâche les cordes. Celles-ci se démêlent d'elles-mêmes et vous les séparez, chacune dans une main. Les cordes pendent au bout des doigts et le public aperçoit le nœud rouge qui est maintenant visible sur la corde blanche. Les spectateurs interprètent comme ils veulent votre conclusion sur les conséquences des ébats encordés.

Les pièces prisonnières

L'art de s'évader de liens qui semblent impossibles à défaire est une spécialité de certains magiciens. Avec quelques pièces, on peut inventer une évasion qui ne trouble pas les lois de la topologie mais semble cependant impossible.

Ce que voient et entendent les spectateurs

Le magicien présente une ficelle d'environ un mètre de longueur et cinq pièces perforées. Les fameuses « pièces chinoises » peuvent très bien faire l'affaire ; des anneaux ou des bagues également.

Il plie la ficelle en deux et forme une boucle qu'il passe dans le trou d'une pièce, puis il emprisonne la pièce en passant dans cette boucle les deux bouts libres de la ficelle. La bouche est serrée et la pièce bien prisonnière. Quatre pièces sont alors enfilées sur les deux brins libres de la ficelle. On obtient ainsi une pile de pièces qui reposent sur la pièce serrée dans la boucle (Figure 2.7).

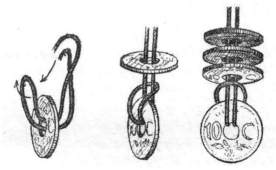

Figure 2.7

Les deux extrémités libres de la ficelle sont confiées chacune à un spectateur. La ficelle est tendue et le magicien pose un foulard sur les pièces qui sont tenues au milieu.

Le magicien remonte ses manches, montre ses mains vides et les introduit sous le foulard. Après quelques secondes, il sort une des pièces et enlève le foulard pour montrer qu'il manque bien une pièce dans la pile toujours enfilée sur la ficelle. Il remet la pièce à un spectateur pour qu'il l'examine en lui suggérant qu'elle est magique car elle peut traverser la matière sans aucun trucage. Il faut inciter le spectateur à imaginer que ce sont les pièces qui sont truquées.

Il remet le foulard sur les pièces et continue à les retirer une par une. Il ne reste plus à la fin que la pièce qui est emprisonnée dans la boucle de la ficelle. Le magicien la libère en repassant les brins libres dans la boucle.

Matériel nécessaire et préparation

1. Une ficelle d'environ un mètre.
2. Cinq pièces perforées.

Le travail caché du magicien

Il n'y a pas de préparation à faire. Tout le secret réside dans le fait que la première pièce qui semble bien emprisonnée dans une boucle peut être facilement dégagée ainsi que le montre la figure 2.8.

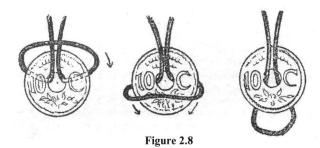

Figure 2.8

Lorsque vous sortez une pièce, vous laissez glisser la première pièce que vous gardez en main. Puis, en prenant la suivante de la pile, vous refaites en sens inverse les mouvements précédents et vous montrez qu'il manque bien une pièce dans la pile lorsque vous enlevez le foulard.

Faire un nœud les poignets attachés

L'avantage de ce tour est de pouvoir l'improviser sans autre accessoire qu'une ficelle d'environ un mètre de longueur. Bien mis en valeur, ce petit tour peut fortement intriguer les spectateurs.

Ce que voient et entendent les spectateurs

Le magicien se fait attacher un poignet avec une cordelette. Le nœud qui sert à clore l'attache est solidement serré par deux ou trois nœuds superposés. Le spectateur fait ensuite de même sur l'autre poignet. Les deux mains du magicien sont donc attachées à une distance d'environ 60 centimètres l'une de l'autre.

Le magicien fait remarquer qu'il est absolument impossible de faire un nœud au milieu de la cordelette. Il déclare alors qu'il lui est possible de s'évader magiquement dans un monde à quatre dimensions spatiales dans lequel il est possible de réaliser ce qui est impossible dans notre espace à seulement trois dimensions.

Pour cela, il faut qu'il fasse deux tours et demi sur lui-même en prononçant des paroles magiques secrètes pour être plongé dans un micro-univers à quatre dimensions. C'est ce qu'il fait et il reste le dos tourné aux spectateurs pendant trois à quatre secondes. Lorsqu'il se retourne un nœud figure bien sur la cordelette et ses poignets sont toujours solidement attachés.

Le travail caché du magicien

Les figures 2.9 suivantes indiquent la manière d'opérer. La main droite forme une boucle qui est passée sous la cordelette qui entoure le poignet gauche, du côté de la paume de la main gauche (I).

Cette boucle est croisée et tirée vers la pointe des doigts jusqu'à leurs extrémités qui sont passés dedans. La boucle se trouve donc sur le dos de la main gauche (II).

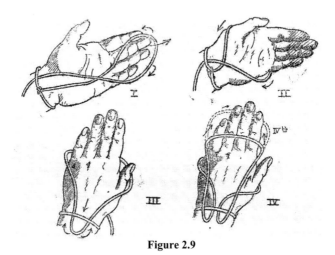

Figure 2.9

La boucle est tirée jusqu'au poignet et repassée sous la cordelette qui entoure le poignet gauche (III).

Vous continuez de tirer sur la boucle en la remontant jusqu'aux extrémités des doigts que vous passez une nouvelle fois dedans (IV). Vous faites glisser le nœud ainsi formé jusqu'au milieu de la cordelette.

Divertissements et curiosités délectables

Les tours de magie avec des cordes peuvent être agrémentées de quelques manipulations curieuses et de problèmes posés aux spectateurs.

Comment tenir les bons bouts ?

Le nœud fait sans lâcher les bouts d'une ficelle est plus une plaisanterie qu'un tour proprement dit. Mais il n'est pas mauvais de connaître la réponse à la question : « Si votre main gauche tient une extrémité d'une ficelle et votre main droite l'autre extrémité, êtes-vous capable de faire un nœud sur cette ficelle sans lâcher les extrémités ? »

Vous pouvez expliquer que c'est en principe impossible puisqu'un théorème topologique énonce qu'on ne peut créer un nœud en déformant une boucle fermée. Or en tenant ainsi une ficelle par ses extrémités, vous constituée précisément une boucle fermée.

Mais la question posée ne précise pas la position de vos bras avant la saisie des extrémités de la ficelle. Pour montrer que vous êtes capable de résoudre le problème posé, il vous suffit de croiser au préalable les bras et de saisir les extrémités de la ficelle, les bras restant croisés. Puisque vous avez ainsi formé un nœud avec vos bras, il suffit de le transférer à la ficelle en les décroisant sans lâcher les bouts.

Faire un nœud d'une seule main

Réalisé d'un mouvement rapide et continu, le nœud fait d'une seule main est assez spectaculaire. Il faut évidemment un peu d'entraînement.

Pour exécuter cette manœuvre, posez une corde sur la tranche de la main, paume verticale, pouce dirigé vers le haut. Une plus grande longueur est placée du côté de la paume. La petite longueur pend de l'autre côté ; elle doit avoir une trentaine de centimètres de long. L'auriculaire se replie, passe derrière la corde qui pend sur la paume et place la corde entre l'annulaire et l'auriculaire. La corde barre en biais la paume, allant de l'enfourchure du pouce à l'auriculaire (Figure 2.10-I).

La main pivote autour du poignet et la corde s'enroule sur le dessus de la main. Par suite de la position en biais de la corde dans la paume, la petite longueur est plus proche du poignet que la grande. Ce mouvement permet de saisir entre l'index et le majeur la petite longueur de corde qui pend le long de la grande longueur. La main se redresse tout en tenant la corde entre l'index et le majeur (Figure 2.10-II).

Le pouce s'introduit sous la corde qui passe dans l'enfourchure du pouce. En levant la corde, le pouce forme une boucle dans laquelle la petite longueur de corde va être passée (Figure 2.10-III).

Pour cela, le poignet se courbe vers le bas, la boucle tombe naturellement et entoure la petite longueur de corde. Cette partie de la corde est remontée dans la boucle à l'aide du pouce et de l'index. Ces deux doigts tiennent l'extrémité de la corde ; les autres doigts lâchent la boucle qui tombe et le nœud se forme par simple gravité, à une trentaine de centimètre de l'extrémité de la corde tenue verticalement entre le pouce et l'index.

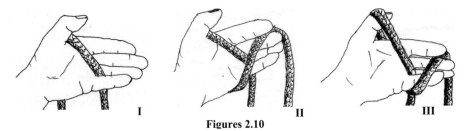

I   II   III

Figures 2.10

Dix nœuds d'un seul coup

Cette méthode était utilisée par les pompiers pour confectionner très rapidement une corde à nœuds pour évacuer les gens prisonniers d'un incendie. Son intérêt topologique est que l'on peut réaliser ainsi toute une série de nœuds sur une même corde sans les avoir séparés au préalable.

La techniques est très simple et consiste tout d'abord à lover la corde en un ensemble de spires. Si vous avez une ficelle assez fine, les spires peuvent être réalisées en enroulant la ficelle autour d'un doigt. Enlevez délicatement les spires du doigt et passez l'extrémité de la ficelle à travers les spires. Tirez doucement sur cette extrémité. Les nœuds se forment les uns après les autres, chacun correspondant à une spire.

Si vous avez une corde assez longue, vous pouvez faire des spires plus importantes dans votre main et même des spires allant de la main jusqu'au coude ; passez ensuite la corde à travers les spires. Vous pouvez confier une extrémité de la corde à un spectateur appelé en renfort et tirer sur la corde pour faire une guirlande de nœuds.

Chapitre 3

Géométries du rêve

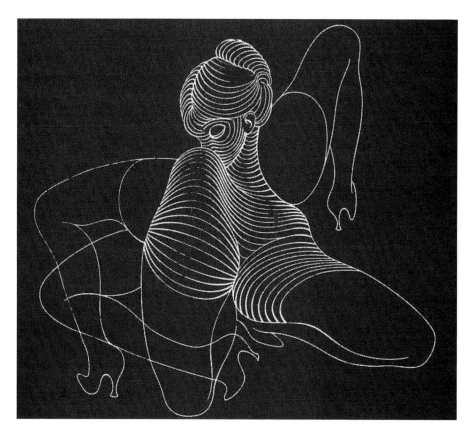

Illustration de la courbure de l'espace plus d'un siècle après Bernhard Riemann
Gravure de *Hans Bellmer* (1902 – 1975)

Les illusions des géomètres

Durant plus de deux mille ans, la géométrie du mathématicien grec Euclide, qui vécut au 3ᵉ siècle avant Jésus-Christ, fut à la base de toute la géométrie élémentaire que nous avons apprise à l'école. Un postulat fondamental de cette géométrie affirme que « par un point du plan, on ne peut mener qu'une parallèle à une droite. »

Ce n'est qu'au cours du 19ᵉ siècle que des mathématiciens commencèrent à imaginer des géométries qui nient ce postulat tout en restant logiques et cohérentes. Ce fut le début des géométriques dites non-euclidiennes.

Ces nouvelles géométries, issues de l'imagination des mathématiciens, ne semblaient être que des jeux de l'esprit sans relation avec la réalité physique. Pourtant, dès la première décennie du 20ᵉ siècle, la Relativité générale conçue par Einstein adopta l'une de ces géométries non-euclidiennes, celle de Bernhard Riemann, comme description de l'espace-temps physique. La géométrie d'Euclide est-elle donc une illusion ?

Pour le magicien, les géométries non-euclidiennes qu'il prétend utiliser sont totalement hors du réel et elles deviennent, en ce sens, réellement magiques. Qu'un carré puisse instantanément se transformer en un cercle est du domaine d'une géométrie fantasmagorique, certes non-euclidienne.

Les figures impossibles créées sur le papier, comme celle que l'on voit ci-dessous, relèvent également de géométries non-euclidiennes dessinées dans un espace purement imaginaire. Les objets ainsi créés ne peuvent pas être réalisés concrètement. Cependant, la vision que nous en avons est trompeuse et il semblerait possible d'imaginer un assemblage de cubes formant cette illusion non-euclidienne. On peut même calculer le volume de cette illusion. Supposons qu'un cube mesure 10 cm d'arête ; son volume est de 1 000 cm³ et sa contenance est donc de 1 litre. L'illusion a donc un volume de 12 000 cm³ et elle pourrait être remplie, si elle était creuse, par 12 litres de whisky.

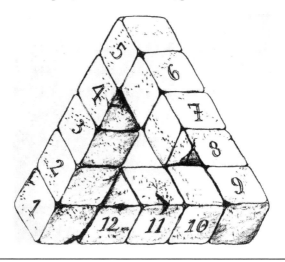

Comment rétrécir l'espace ?

En géométrie classique, celle que nous avons apprise à l'école, l'aire d'une surface plane est une grandeur qui se conserve au cours du temps. Ce serait ennuyeux de voir son jardin, autour de sa maison, rétrécir un peu chaque jour. C'est heureusement impossible ; à moins qu'un personnage mal intentionné jette un sort sur votre terrain.

Ce que voient et entendent les spectateurs

Le magicien raconte qu'il a un ami qui avait acheté, pour faire construite sa maison, un terrain à un prix abominablement élevé mais dans un endroit fort agréable. Le terrain avait une forme de triangle, ce qui n'était pas l'idéal, mais le vendeur l'avait assuré qu'il serait possible de le transformer en une surface carrée en échangeant des parcelles avec les voisins qui eux aussi souhaitaient voir la forme de leur jardin modifiée.

C'était un beau terrain de 6 500 mètres carrés. Le magicien montre qu'il avait la forme d'un triangle isocèle dont la base avait 100 m et la hauteur 130 m. (Figure 3.1). La surface d'un triangle est donnée par le produit de la moitié de sa base multipliée par sa hauteur, on trouve bien : $50 \times 130 = 6\ 500\ m^2$.

Afin de transformer la forme du terrain, le vendeur propose à son acheteur d'aller voir les propriétaires des terrains avoisinants et de s'occuper des transactions. Pour obtenir un terrain carré, l'acheteur doit d'abord revendre trois parcelles : deux sont en forme de triangles rectangles égaux et un en forme de trapèze (Fig. 3.1). Des surfaces strictement égales sont achetées aux divers propriétaires, de sorte que, mises ensembles, ces parcelles accolées à celle restante réalisent finalement un carré (Fig. 3.2).

Finalement, l'ami du magicien obtient un terrain carré qui mesure 80 m de côté, soit une aire égale à : 80 x 80 = 6 400 mètres carrés, ainsi que le montre le schéma de la figure 3.2. Avec horreur son ami s'aperçoit que le vendeur l'a escroqué de 100 m² de terrain. Or il s'agit d'un terrain bien placé à Rambouillet, non loin du château, le prix étant de 1 000 euros le mètre carré. Comment cet infâme vendeur a-t-il réussi son coup ? Peut-être l'Univers est-il en train de rétrécir ?

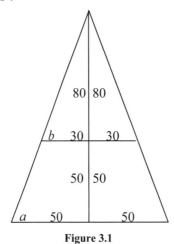

Figure 3.1   **Figure 3.2**

Matériel nécessaire et préparation

1. Quatre morceaux de carton découpés en deux triangles rectangles et deux trapèzes rectangles. Pour fabriquer ces figures, vous découpez dans un morceau de carton un carré ayant des côtés proportionnels à 80 m ; par exemple, 8 cm. Vous tracez les triangles et les trapèzes selon les proportions indiquées sur la figure 6.2, et vous les découpez au cutter.

2. Vous pouvez peindre chacun des morceaux d'une couleur différente afin de rendre la démonstration plus probante. La couleur doit être étalée de chaque côté car il faudra retourner deux morceaux pour réaliser le carré en partant du triangle. Les longueurs des côtés doivent être indiquées sur chaque face ce qui permet de vérifier directement le calcul des surfaces.

3. Une règle graduée pour convaincre les incrédules de l'exactitude des mesures.

4. Si vous présenter ce tour en salon, il faut un petit pupitre sur lequel vous puissiez montrer les figures verticalement. Une feuille métallique, en acier, peut servir de fond sur lequel vous poser les cartons qui sont maintenus par des aimants posés dessus.

Le travail caché du magicien

Vous disposez sur le pupitre les quatre figures géométriques de façon à former le « triangle » équilatéral de la figure 3.1. Les grands côtés verticaux du triangle ne forment pas une ligne parfaitement droite. Il faut donc que le public voit ces lignes présentées verticalement afin de ne pas pouvoir se rendre compte qu'il s'agit d'une ligne brisée, particularité qui apparaît d'autant mieux qu'on regarde ces lignes dans leur prolongement.

Il faut retourner deux figures, un triangle et un trapèze, pour faire le carré final à partir du triangle. Le carré étant parfait, vous pouvez le montrer de très près, sous tous ses angles. Vous montrez à l'aide de la règle graduée que les dimensions notées sur les figures sont bien proportionnelles à celles effectivement mesurées.

Ce tour illustre ce qu'on appelle un paradoxe mathématique et il vaut surtout par la présentation que vous saurez en faire.

Comment ça fonctionne ?

Le découpage du carré étant exact, c'est l'aire de la surface de celui-ci qui est évidemment la bonne. Si le carré fait 8 cm sur 8 cm, son aire est de 64 cm^2.

L'utilisation des morceaux du carré ne permet pas de former un triangle correct. Il est facile de calculer les angles notés a et b sur la figure 3.1. Ces angles ne sont pas égaux et, par conséquent, les deux segments de droites formant les grands cotés du triangle ne sont pas dans le prolongement l'un de l'autre ; ils forment entre eux un petit angle qui peut passer inaperçu. La ligne est concave, par rapport au triangle. L'aire de la surface située entre une ligne droite qui serait le véritable côté du triangle et la ligne brisée concave, qui forme le côté réalisé avec les deux morceaux, est égale à ½ cm^2. Il en est de même pour le côté opposé. La soi-disant surface du triangle est donc, selon la formule mathématique, égale à 65 cm^2 alors que sa surface réelle n'est que de 64 cm^2, donc évidemment égale à celle du carré.

Quadrature instantanée du cercle !

L'effet suivant est très joli et surprenant. Au lieu de chercher l'équivalence entre un cercle et un carré, le magicien transforme instantanément un carré en un cercle. La technique peut s'appliquer à la transformation de n'importe quelle figure en une autre. Ainsi vous pouvez offrir votre cœur dans un journal après y avoir maladroitement découpé un carré.

Ce que voient et entendent les spectateurs

Le magicien prend une feuille de papier journal et découpe dedans un carré avec une paire de ciseaux. Il chiffonne ce carré tout en racontant une histoire sur la quadrature du cercle, faux problème que les Anciens ont tenté de résoudre. L'expression « c'est la quadrature du cercle » à propos d'un problème signifie qu'il est insoluble. Puis, le magicien déplie le papier ainsi chiffonné et le carré est devenu un disque de papier.

Le magicien s'étonne de cette transformation et prend le journal où il a découpé le carré. Il tient alors le journal à demi plié par ses deux extrémités, l'amène devant son visage et ouvre brusquement les deux feuilles. L'apparition d'un cercle à la place du carré qui avait été découpé au préalable s'effectue instantanément. On aperçoit le visage du magicien à travers le cercle qui troue le journal. La quadrature inverse du cercle est magiquement réalisée !

Matériel nécessaire

1. Deux doubles pages d'un journal. Il est préférable d'utiliser des pages sur lesquelles ne figurent ni illustrations ni photographies. La préparation de ces pages est un peu longue et le journal ne sert qu'une fois mais l'effet en vaut la peine, tant pour la scène que le salon.

2. Un double-décimètre ; un compas ; une paire de ciseaux ; de la colle et un pinceau.

Préparation du journal

La double page du journal est pliée en deux, selon son format habituel. Du côté de la pliure, dessinez un demi-cercle d'un diamètre de 15 cm, axé au milieu de la hauteur de la page (Fig. 3.3). Découpez ce demi-cercle, en double épaisseur, avec des ciseaux. En dépliant les deux pages de journal, on obtient un cercle, de 15 cm de diamètre, centré au milieu de ces pages.

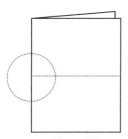 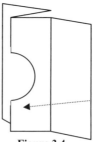 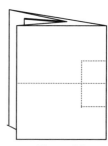

| Figure 3.3 | Figure 3.4 | Figure 3.5 |

Ensuite, rabattez les bords externes des deux pages vers la pliure de telle sorte que ces bords débordent d'environ 2 cm de la pliure (Fig. 3.4). Ce débord permet de bien dissimuler la partie échancrée située à l'intérieur. Vous obtenez une feuille pliée en « accordéon », la partie échancrée étant située entre les deux rabats.

Pliez en deux, puis en quatre, le disque de papier que vous avez découpé dans le journal. Prenez une seconde feuille double de journal et ouvrez-la à plat. Collez le disque découpé et plié, en encollant seulement une partie du quart du disque, près du centre de cette double feuille Il faut décaler le disque par rapport au centre de telle sorte que la double feuille puisse être repliée sans être gênée par le disque ainsi collé.

Une fois cette double feuille repliée cachant le disque collé, insérez « l'accordéon » à l'intérieur. Collez les bords externes de l'accordéon en coïncidence avec les bords internes de la seconde feuille de journal (Fig. 3.5). Pour effectuer facilement ce collage, il suffit de déplier les deux feuilles doubles et de les poser l'une sur l'autre. Après collage et lorsque la colle est sèche, vous repliez les deux feuilles l'une dans l'autre selon la figure 3.5.

Dessinez en traits fins sur la feuille double extérieure, près de la pliure, un rectangle de hauteur égale à 18 cm, de largeur 9 cm, centré au milieu de la hauteur de la feuille de journal. Ce carré doit avoir des côtés de longueur supérieure au diamètre du cercle.

Le travail caché du magicien

La double feuille de journal peut être prise dans un journal entier. Le découpage du carré est facile et il ne faut évidemment pas endommager le disque plié qui est collé derrière. Le découpage que vous venez de faire est ouvert pour montrer que vous obtenez bien un carré. Le disque de papier collé derrière est caché au public. Vous repliez le carré sur lui-même tout en cachant le disque, puis après avoir retourné le pliage avec le disque face au public, vous dépliez celui-ci qui cache à son tour le carré plié derrière.

Vous mettez le disque de papier dans votre poche et reprenez le journal découpé. Vous vous étonnez du fait que vous aviez bien découpé un carré dans le journal et que magiquement ce carré est devenu un disque. Peut-être le journal est-il aussi magique ? Vous prenez la double feuille du journal truqué en mettant

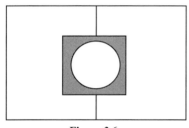

Figure 3.6

l'ouverture verticalement face au public et chaque main tient un bord extérieur de la double feuille. Vous montez le journal devant votre visage tout en ouvrant rapidement la double feuille. La feuille intérieure se déplie également et le cercle, d'un diamètre inférieur aux côtés du carré, possède un entourage qui cache entièrement le carré qui se trouve derrière. Une partie de votre visage apparaît à travers le cercle découpé et vous regardez le

public. La figure 3.6 montre la face du journal tournée vers vous ; sur la première page vous voyez la découpe du carré et, à travers, la découpe du cercle sur la seconde page. Le public aperçoit votre visage à travers le cercle.

D'autres figures peuvent naturellement remplacer le cercle ainsi que le carré. Vous pouvez prétendre que votre cœur a une forme carrée et finalement, à votre grand étonnement, le carré que vous aviez découpé se transforme en un cœur stylisé. Vous appliquez alors le journal sur votre poitrine lorsque le cœur apparaît en dépliant la double feuille de journal.

Puzzle spatiotemporel

Ce puzzle pourrait être présenté après le tour *Comment rétrécir l'espace ?* Le puzzle est en effet basé sur une astuce complètement différente du précédent car il consiste à échanger secrètement des pièces du puzzle alors que « *Comment rétrécir l'espace ?* » est un paradoxe mathématique qui fait intervenir une figure géométrique mal dessinée mais qui n'utilise aucun manipulation physique. Dans les deux cas, le résultat final conduit cependant à s'interroger sur la géométrie.

Ce que voient et entendent les spectateurs

Le magicien présente aux spectateurs un puzzle en bois enfermé dans une boîte plate avec un couvercle à glissière. La boîte est ouverte et on constate que les pièces du puzzle occupent entièrement la surface de la boîte ainsi que le montre la figure 3.7. Le magicien donne deux pièces supplémentaires, n°2 et n°3, à tenir à un spectateur.

Les pièces du puzzle sont alors versées sur une table et le magicien les remet en place sur la table (Figure 3.8).

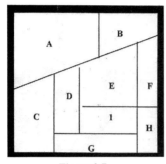

Figure 3.7

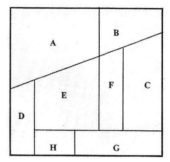

Figure 3.8

Le magicien demande au spectateur de lui remettre la pièce n°2 et il reforme un autre puzzle incluant la pièce n°2 (Figure 3.9). Il demande ensuite la pièce n°3 et il refait un autre puzzle incluant les pièces n°2 et n°3 (Figure 3.10).

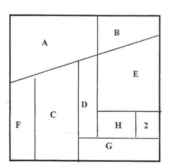

Figure 3.9

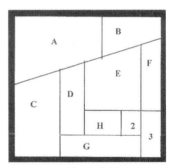

Figure 3.10

« Nous avons ajouté deux pièces au puzzle et donc la surface de ce puzzle a grandi. Comment vais-je faire pour le ranger dans ma boîte ? » se demande la magicien. Il range très visiblement et lentement toutes les pièces du puzzle et les spectateurs s'aperçoivent que le nouveau puzzle entre parfaitement dans la boîte ! La réduction du puzzle s'est faite en un laps de temps très court, tellement court que personne ne peut le percevoir. Le magicien a-t-il vraiment le pouvoir de rétrécir l'espace-temps ?

Matériel nécessaire et préparation

Les pièces du puzzle sont en bois d'une épaisseur de l'ordre de 5 mm. Le puzzle décrit sur la figure 3.7 comporte 9 pièces qui occupent une surface rectangulaire de 12 cm sur 14 cm.

Les pièces n°2 et n°3 qui apparaissent respectivement sur les figures 3.9 et 3.10 ont ensembles exactement la même surface que la pièce n°1 qui figure sur la figure 3.7.

La pièce **A** comporte une cavité creusée dans l'épaisseur du bois, derrière sa face visible. Ce creux permet de loger facilement la pièce n°1. Un aimant est inclus dans la pièce n°1 et une petite plaque métallique est fixée dans la cavité située derrière la pièce **A**.

La boîte permet de transporter facilement les 11 pièces qui sont utilisées pour présenter le tour. La pièce n°1 est logée dans la cavité de **A** et les pièces n°2 et n°3 sont en place comme indiqué sur la figure 3.10.

Préparation

Les pièces n°2 et n°3 sont sorties de la boîte. Le puzzle est réalisé en utilisant la pièce n°1 ainsi que le montre la figure 3.7 et placé dans la boîte. Les pièces n°2 et n°3 sont à côté de la boîte.

Le travail caché du magicien

Vous ouvrez la boîte à glissière et vous montrez le puzzle qui occupe toute la surface visible de la boîte. Vous le faites remarquer mais sans trop insister et en évitant que quiconque compte le nombre de pièces du puzzle.

Vous renversez la boîte contenant le puzzle sur la table. Il faut profiter de cet instant pour subtiliser la pièce n°1 ; pour cela, il faut la faire glisser sous la pièce **A**.

Vous constituez alors un nouveau puzzle selon la figure 3.8. Il faut naturellement suggérer que vous reconstituer exactement le puzzle qui se trouvait dans la boîte lors de sa présentation. Mais il vaut mieux que la boîte soit éloignée pour que personne ne remarque une légère différence de taille.

« Voyons si ce puzzle est capable d'accueillir de nouvelles pièces. Qui veut essayer de fabriquer un nouveau puzzle en lui ajoutant cette pièce ? » dites-vous en prenant la pièce n°2. Vous pouvez aider un spectateur qui se propose de faire un puzzle avec cette pièce supplémentaire. Vous faites remarquer que la surface a grandi.

« Avec cette nouvelle pièce, cela risque d'être encore plus difficile. » Vous prenez la pièce n°3 et vous faites semblant d'avoir quelques difficultés à fabriquer un nouveau puzzle complet.

« La surface du puzzle a encore grandi, remarquez-vous. Comment faire pour entrer dans ma boîte le puzzle tout entier ? Rien de plus simple ; il suffit de rétrécir l'espace-temps. En effet tout phénomène physique se déroule dans le temps mais l'espace ne peut être modelé que durant un intervalle de temps très bref, sinon, comme vous l'avez sans doute déjà vu dans les films de science fiction, la trame de notre propre vie risque d'être gravement perturbée. Fermez les yeux un très bref instant car je vais perturber l'espace-temps. » Après un geste magique, vous rangez tranquillement et lentement le puzzle dans sa boîte.

Carte à puces à quatre faces

Ce tour est basé sur un vieux principe qui consiste à montrer sur la face d'une carte soit un as, soit un trois en cachant avec les doigts une partie de la carte sur laquelle un des points du trois n'a pas été dessiné.

Ce que voient et entendent les spectateurs

Le magicien montre une grande carte blanche sur laquelle figure au centre un rond noir. Lorsqu'il retourne la carte, on aperçoit sur l'autre face quatre ronds noirs. Le magicien explique l'intérêt de cette carte :

« Je vais vous montrer comment gagner de l'argent sans vous fatiguer grâce à cette nouvelle carte bleue. C'est un modèle expérimental de carte à puces et si elle est blanche c'est pour que vous n'y voyiez que du bleu. Sur une face, on a une puce, on dit que c'est un as de puce. Sur l'autre face, c'est un quatre de puces. »

Puis le magicien tourne une nouvelle fois la carte et un trois de puces apparaît, soit trois ronds noirs ; enfin, un dernier retournement montre un 6 de puces, soit 6 ronds noirs. Le magicien continue :

« On a donc une carte ayant quatre faces, c'est-à-dire une carte avec deux paires de faces. D'une part, une paire de faces réelles où l'on a un as de puce et un trois de puces. D'autre part, une paire de faces virtuelles sur laquelle on a un six de puces et un quatre de puces. »

Pendant cette « explication », le magicien tourne plusieurs fois la carte en montrant les paires de faces. Le magicien décrit ensuite l'usage de la carte.

« Pour avoir de l'argent avec cette carte, vous allez voir votre distributeur de billets préféré. Vous glissez la paire de faces réelles et le distributeur vous donne des billets réels. » En faisant mine de glisser la carte, le magicien montre une face comportant réellement un trois de puces.

« Ensuite vous glissez votre paire de faces virtuelles et vous retirez des billets qui ressemblent à s'y méprendre à de vrais billets. Mais, et ceci est très important, votre compte n'est pas débité de cette dernière somme. » En faisant mine de glisser la carte, le magicien montre également une face sur laquelle figure visiblement un six de puces. Le magicien conclut :

« Moralité, avec deux paires de faces, on gagne deux fois plus d'argent qu'avec une seule paire. De plus des pirates sur Internet viennent de mettre au point la toute dernière carte à puces qui comporte une cinquième face virtuelle avec un huit puces. Elle vous permet de vider complètement n'importe quel distributeur de billets. On n'arrête pas le progrès. »

Le magicien retourne la carte et montre qu'elle comporte à présent, à la place du six de puces précédent, un huit de puces formés par huit ronds noirs.

Matériel nécessaire et préparation

La carte est une plaque métallique peinte en blanc sur laquelle sont collés des ronds noirs. D'autres ronds amovibles sont aimantés et peuvent se superposer aux autres qui sont fixes. Il est préférable d'acheter cette carte toute préparée chez un marchand d'articles de magie si l'on veut avoir un matériel de qualité.

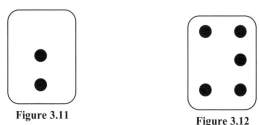

Figure 3.11

Figure 3.12

Les figures ci-dessus montrent les points qui sont collées sur chaque face de la carte. D'une part, un point amovible est placé sur le point central de la face 3.11. D'autre part, trois points amovibles sont placés respectivement sur les trois points de droite de la face 3.12.

Le travail caché du magicien

Pour montrer au début de la présentation un as de puce, il suffit de cacher avec les doigts le point inférieur de la face 3.11 et de ne laisser paraître que le point central. Lorsque vous montrez l'autre face, vous cachez avec les doigts le point médian de droite et vous annoncez un quatre de puces. En tournant la carte, vous cachez ensuite la partie vide de la face 3.11 et vous annoncez un trois de puces. De même, après retournement de la carte, vous cachez la partie vide de la face 3.12 et vous annoncez un six de puces.

Pour montrer complètement, sans rien cacher, un trois de puces, il faut faire glisser le point amovible qui se trouve au centre de la face 3.11 en position haute. De même, pour avoir un six de puces, il suffit de faire glisser le point amovible situé sur le point médian de la face 3.12.

Finalement, pour obtenir un huit de puces, vous faites glisser les deux points amovibles qui sont placés sur les deux points extrêmes de droite de la face 3.12.

Les mouvements de glissement sont naturellement effectués sur la face qui est tournée vers vous et vous pouvez donc positionner correctement les points amovibles.

Divertissements et curiosités délectables

Les jeux mathématiques de l'Antiquité furent souvent des prétextes pour faire avancer la connaissance. Certains problèmes qui furent lancés comme des défis entre les écoles mathématiques des cités grecques, se révèleront par la suite comme le point de départ de futures théories. Ainsi, le fameux paradoxe de la flèche de Zénon qui n'arrivera apparemment jamais au but a dû faire réfléchir les mathématiciens sur les problèmes de la sommation des séries.

La quadrature du cercle

Parmi les trois grands problèmes de l'Antiquité, la trisection de l'angle, la duplication du cube et la quadrature du cercle, c'est ce dernier qui est resté le plus célèbre. Il est même passé dans le langage courant puisque « *chercher la quadrature du cercle* », c'est essayer de résoudre un problème insoluble.

Le problème est de construire un carré de même aire qu'un cercle donné en utilisant uniquement la règle et le compas. Ce problème a occupé de nombreux mathématiciens ; on le retrouve dans un papyrus datant de 1650 avant J.-C. où le scribe Ahmès propose déjà une solution approchée.

C'est la limitation des outils à utiliser qui rend ce problème impossible. Ce n'est cependant qu'en 1882 que le mathématicien allemand Ferdinand von Lindemann démontre la transcendance du nombre π ce qui permet d'appliquer ce résultat au problème de la quadrature du cercle en démontrant qu'il est impossible à réaliser avec la règle et le compas. En effet, la solution nécessite la construction de la racine carré de π ce qui est impossible avec ces deux instruments ; seuls les nombres algébriques, et encore pas tous, peuvent être construit à l'aide d'une règle et d'un compas.

De nombreux amateurs essaient encore de trouver des solutions exactes à ce problème, solutions qui sont évidemment toutes fausses. Des solutions approchées ont été trouvées depuis le scribe Ahmès, parfois à quelques millièmes près.

Le nombre Pi

Pendant que nous dissertons sur le cercle, c'est l'occasion de rappeler que le nombre π a été calculé avec des milliers de chiffres après la virgule. Un long poème existe permettant de donner quelques centaines de chiffres après la virgule. Voici le début de ce poème qui permet de se rappeler facilement les 30 premiers chiffres en apprenant seulement les quatre premiers alexandrins :

Que j'aime à faire connaître un nombre utile aux sages,
Immortel Archimède, artiste, ingénieur,
Qui de ton jugement peut priser la valeur,
Pour moi ton problème eut de sérieux avantages.

Il suffit de compter le nombre de lettres de chaque mot de ce poème pour retrouver la suite des 30 premiers chiffres après la virgule : 3, 141 592 635 897…

Les allumeuses du géomètre

Pour enflammer votre âme de géomètre, il suffit de quelques allumettes. Celles-ci sont représentées simplement par des traits sur les dessins qui suivent. Partant de la figure 3.13 représentant cinq carrés différents formés à l'aide de 12 allumettes, vous devez en déplacer quelques-unes pour former d'autres carrés

    1. Déplacer deux allumettes pour former sept carrés.
    2. Déplacer trois allumettes pour former trois carrés (Solution : figure 3.14).
    3. Déplacer quatre allumettes pour former trois carrés.

Autres problèmes — Former quatre triangles équilatéraux, sans faire de carrés, avec 6 allumettes (Solution : la question posée ne précise pas s'il s'agit d'une figure dans le plan. Un tétraèdre fera donc l'affaire).

Avec 9 allumettes, former trois carrés égaux et trois triangles équilatéraux (La solution est également dans l'espace. Campez dans la tente canadienne).

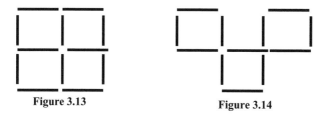

Figure 3.13   Figure 3.14

La femme découpée en morceaux

Le magicien pourrait se poser la question de savoir si en découpant le dessin d'une femme (ou d'un homme) en morceaux, il est possible d'en faire un carré de même surface. La réponse est « oui » si le dessin est suffisamment anguleux pour représenter un polygone qui ressemblerait plus ou moins à une femme. Il suffit pour cela de s'inspirer du cubisme ou de toute autre théorie picturale imprégnée de géométrie. En effet, le théorème de Lowry-Wallace-Bolyai-Gerwein, démontré indépendamment par ces auteurs au cours du 19e siècle, nous dit que :

Deux polygones de même aire peuvent être transformés l'un en l'autre par dissection polygonale.

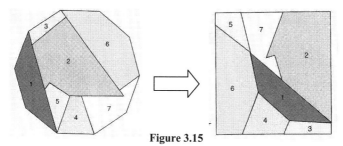

Figure 3.15

La démonstration générale repose sur un grand nombre de découpes aussi, pour un polygone donné, a-t-on cherché à réduire le nombre de ces découpes. C'est la source d'une multitude de casse-tête géométriques. La figure 3.15 montre un record extraordinaire : le découpage d'un dodécagone en seulement 6 polygones permettant de former un carré.

Des non-choses en géométrie de l'impossible

La technique de la perspective permet de représenter sur un plan un objet à trois dimensions. Lorsque vous regardez un dessin en perspective, l'œil transforme les informations fournies par l'image rétinienne plane en une information spatiale. Mais l'œil a l'habitude d'un tel travail ; la disposition spatiale des objets qui nous entoure est toujours réduite à une image rétinienne plane et c'est le cerveau qui décode cette image.

Partant de ce constat, on peut se demander comment des constructions aussi bizarres que celles d'objets impossibles à réaliser, tel celui de la figure 3.16,

peuvent cependant être conçues par notre cerveau comme ayant une certaine réalité spatiale. L'œil reçoit une image plane et notre cerveau essaie de l'interpréter comme étant dessinée en perspective. Bien que nous voyions cette image en perspective, notre cerveau nous dit que c'est un objet qui ne peut pas exister.

De nombreuses créations ont été réalisées dans ce genre. Les dessins du graveur néerlandais Maurits Cornelis Escher (1898-1972) sont parmi les plus connus, introduisant des éléments impossibles dans de curieux décors architecturaux.

La figure 3.17 est une reproduction d'une gravure de Escher. Les murets qui canalisent l'eau indiquent sans ambiguïté que celle-ci coule en se dirigeant vers la chute d'eau. Or le bas de celle-ci se retrouve au même niveau

Figure 3.16

que le début du courant d'eau ce qui est évidemment impossible.

Dans l'ouvrage de Bruno Ernst, *L'aventure des figures impossibles*, l'auteur remarque que ce genre de construction de figures impossibles avait déjà été réalisé par Giovanni Battista Piranesi (1720-1778), dit en français Piranèse. Dans l'un de ses recueils de dessins, intitulé *Carceri d'invenzion* (prisons imaginaires), paru en 1760, on retrouve déjà des éléments d'architecture impossible dessinés avec un réalisme apparent qui préfigure celui d'Escher.

Figure 3.17

Chapitre 4

Arithmétique ensorcelée

Saint Jérôme vérifie le calcul de ses impôts.
Saint Jérôme dans son cabinet d'étude - Gravure de *Albrecht Dürer* (1471-1528)

Émergence de l'addition

Bien avant de savoir faire des additions avec des chiffres, l'homme s'est contenté d'additionner des cailloux. La conquête des premiers savoirs a été extrêmement lente et laborieuse. Dans son remarquable ouvrage, *L'émergence des mathématiques*, paru aux éditions Ellipses, Bernard Duvillié nous raconte l'histoire des premiers progrès de la mathématique.

La première étape du calcul consiste à établir une correspondance terme à terme entre les objets d'un ensemble et ceux d'un autre. Ainsi, lorsqu'un berger voulait s'assurer que le nombre des moutons de son troupeau était bien complet, il pouvait avoir dans un sac un certain nombre de cailloux en nombre égal à celui des moutons. Pour chaque mouton qui revient dans l'enclos pour la nuit, le berger prend un caillou dans son sac. Lorsque le sac est vide, il a bien « compter » ses moutons… avant de s'endormir.

Lors des premiers comptage, l'idée de nombre n'était pas encore indépendante de la nature des objets à recenser. Les calculs dont on possède quelques traces, soit 4 000 ans avant Jésus-Christ en Mésopotamie, étaient effectués avec des jetons dont la forme variait selon la nature des objets à dénombrer. C'était des petits objets façonnés dans l'argile en forme de disque, d'amphore, de tête de bovin, etc. Pour saisir pleinement la notion de nombre, il a fallu que l'homme arrive à ne plus considérer le support matériel qu'il manipulait pour ne retenir que le caractère numérique.

Ces jetons ne peuvent pas être utilisés aisément lorsque les nombres deviennent très grands, de l'ordre de quelques milliers. Les calculateurs vont alors inventer la notion de base en fabriquant des jetons de formes différentes ou portant des signes distinctifs, en leur attribuant des valeurs correspondant aux différents ordres d'unités, dizaines, centaines, etc.

On pourra ainsi matérialiser le nombre 274 dans un système de base 10 par le tas de jetons suivants. Représentons l'unité par O, un petit cercle ; une dizaine par un petit cercle avec une croix centrale, $\oplus$; une centaine par la lettre C au centre d'un cercle, ©. Le nombre 274 peut alors être représenté par l'ensemble : ©© $\oplus\oplus\oplus\oplus\oplus\oplus\oplus$ OOOO. Ce mode de représentation est appelé *système additif avec répétition*.

Pour faire des additions en utilisant un système additif avec répétition, cela va être très simple. En particulier, nul besoin d'apprendre la table d'addition par cœur. La somme de deux nombres s'obtient simplement en formant deux tas de calculi. Ajoutons 153 à 274. Le nombre 153 est formé par les jetons suivants : © $\oplus\oplus\oplus\oplus\oplus$ OOO. Le comptable mélange les deux tas de jetons puis les trie, ceux qui se ressemblent étant mis ensembles ; Il obtient alors le tas de jetons suivant : ©©© $\oplus\oplus\oplus\oplus\oplus\oplus\oplus\oplus\oplus\oplus\oplus\oplus$ OOOOOOO. Il peut enlever 10 jetons $\oplus$ et les remplacer par un jeton ©. Il obtient alors le total de l'addition sous la forme : ©©©© $\oplus\oplus$ OOOOOOO ? C'est bien le total 153 + 274 = 427. Bravo la Mésopotamie.

L'addition prédite par un démon

Je me souviens avoir présenté ce tour au cours de spectacles de patronages et de colonies de vacances. Il y a de cela bien longtemps mais ce sont dans les vieux pots que l'on peut faire parfois la meilleure soupe. Il faut naturellement essayer d'améliorer la présentation mais le principe reste identique.

Ce que voient et entendent les spectateurs

Le magicien demande à un spectateur d'écrire un nombre de 3 chiffres sur un petit bloc-notes et de signer en bas la page sur laquelle il vient d'écrire. Puis deux autres personnes sont priées d'écrire également un nombre de 3 chiffres sur la même page et de la signer en bas.

Il donne ensuite à un quatrième spectateur la feuille sur laquelle sont inscrits les trois nombres et il lui fait vérifier les signatures écrites en bas de la page. Puis, après lui avoir demander de venir sur scène, le magicien le prie d'effectuer l'addition des trois nombres inscrits par les spectateurs.

Vous affublez alors le spectateur d'un masque de démon qui, dites-vous, va lui conférer des pouvoirs démoniaques. Le magicien déplie alors un journal et demande au « démon » de souffler sur le journal. Une flamme gigantesque jaillit.

Avec un tison enflammé — en fait, une simple cigarette allumée — vous touchez de son extrémité incandescente divers endroits du journal.

Le journal se consume alors sans flamme — dégageant malheureusement une fumée nauséabonde — et les brûlures qui progressent font peu à peu apparaître le résultats exact de l'addition. Une bonne ventilation est nécessaire ou une présentation en extérieur.

Le « démon » lit le résultat de l'addition dès le début de l'apparition des premiers chiffres.

Matériel nécessaire

1. Un bloc-notes dont les feuilles sont attachées par la partie supérieure et qui peuvent se détacher facilement.

Le bas de la première feuille est coupé sur toute la largeur sur environ 2 centimètres de hauteur. Le bas de la deuxième feuille apparaît. Un élastique assez large entoure le bloc-notes en cachant la coupure de la première feuille, donnant l'impression qu'il est seulement là pour tenir en place les feuilles (Fig. 4.1).

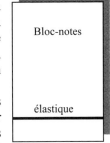

Figure 4.1

Vous écrivez sur la deuxième feuille trois nombres dont vous choisissez le total. Ce dernier doit avoir une valeur qui correspond sensiblement à trois nombres de trois chiffres inscrits au hasard ; le total se situe en général entre 1 600 et 2 200. Chaque nombre doit être écrit avec une calligraphie différente mais en utilisant le même stylo.

2. Un stylo de type feutre ou à bille.

3. Une cigarette et un briquet pour l'allumer.

4. Un journal sur lequel est inscrit de manière invisible le total choisi. Cette inscription est faite à l'aide d'une solution saturée de nitrate de potassium (ou salpêtre) dilué dans de l'eau. Il faut environ 1/3 de nitrate pour 2/3 d'eau que l'on mélange soigneusement jusqu'à dissolution complète.

Avec un pinceau trempé dans cette solution, vous dessinez les chiffres formant le total. La solution a tendance à s'étaler ; il faut donc tracer des chiffres finement mais assez grands, d'environ 20 centimètres de hauteur, et ne pas trop imbiber la feuille de journal. Des essais sont nécessaires.

Après séchage du journal, le tracé est invisible. Il faut donc marquer avec des points noirs le bas des chiffres. Ce seront les endroits où le magicien posera l'extrémité de sa cigarette incandescente.

5. La présentation suggérée nécessite également un masque de « démon ».

6. De plus, pour faire jaillir une grande flamme au moment où le spectateur « démon » va souffler, il faut se procurer l'un des systèmes vendus à cet effet dans les boutiques d'appareils pour magiciens.

Comme beaucoup de tours de magie, cette apparition d'un nombre dans un journal aura d'autant plus d'impact sur le public qu'elle sera entourée de toute une mise en scène.

Le travail caché du magicien

Vous choisissez les spectateurs qui vont écrire les nombres sur le bloc-notes, vous les faites signer en bas de la partie visible et reprenez rapidement le bloc-notes. Vous tendez d'abord le stylo afin que le spectateur ait une main occupée et vous lui remettez le bloc-notes dans l'autre main ; ceci afin d'éviter qu'il ne déplace l'élastique. Cet élastique doit être tendu. Il est nécessaire que trois lignes aient été tracées sur chaque feuille et vous demandez à chaque spectateur d'écrire son nombre sur une ligne.

En demandant à un quatrième spectateur de bien vouloir faire l'addition, vous arrachez la deuxième page du bloc-notes et vous rabattez la couverture. Il faut que la feuille se déchire facilement ; elle doit donc être déjà prête à être détachée. Ce retrait de la deuxième feuille doit être fait sans regarder la manipulation. Puis vous remettez le restant du bloc-notes dans votre poche.

Il faut ensuite choisir un quatrième spectateur qui soit capable de faire correctement une petite addition. De plus, il doit collaborer pour jouer le rôle du « démon ». Vous lui remettez la feuille signée par les trois spectateurs comportant à présent les nombres préparés à l'avance en lui faisant remarquer, sans insister, que cette feuille comporte bien les trois signatures.

Une fois l'addition faite, vous affublez votre collaborateur d'un masque de démon. Vous dépliez un journal et allumez une cigarette. Vous lui demandez s'il a lu les dernières nouvelles de l'enfer parues dans le journal. En appuyant votre cigarette sur les points noirs qui indiquent les traces des chiffres invisibles, le journal commence à fumer. Votre collaborateur énonce le résultat de l'addition qui apparaît mystérieusement inscrit par le feu venu tout droit de l'enfer.

Encore une histoire démoniaque

Le mystère de la prédiction grâce à un bloc-notes est assez facilement deviné par les spectateurs. Une technique tout aussi élémentaire mais plus subtile peut être utilisée pour forcer des nombres. La prédiction du total de l'addition de ces nombres peut évidemment être dévoilée comme pour le tour précédent ou de toute autre manière.

Ce que voient et entendent les spectateurs

Le magicien demande à quatre spectateurs de monter sur scène. Il les prie de s'asseoir sur des chaises, de fermer les yeux et d'imaginer un grand feu qui brûle devant eux. Il leur demande ensuite d'essayer de voir des chiffres qui se forment dans les flammes. De la fumée et des flammes peuvent se manifester dans le dos des trois chaises.

Le magicien se met alors « en communication avec l'esprit de chacun et capte les chiffres en feu. » Au fur et à mesure qu'il capte un chiffre, il l'inscrit secrètement sur une grande ardoise au dos duquel est dessiné un démon soufflant des flammes. Il pose l'ardoise sur un pupitre en plastique transparent, bien en évidence, le nombre inscrit caché au public.

Le magicien distribue ensuite à chacun des quatre spectateurs, une boîte dans laquelle se trouvent des cartes avec un trou dans la partie supérieure et portant chacune un chiffre. Il montre ensuite un grand tableau sur lequel sont enfoncés des clous par rangées de quatre Il demande à chacun des quatre spectateurs de tirer des cartes au hasard de sa boîte et de les accrocher sur les clous du tableau.

Lorsque tous les clous sont occupés, l'un des spectateurs effectue l'addition des nombres ainsi formés en inscrivant le total en bas du tableau.

Le magicien rappelle que les cartes ont été tirées au hasard et forment des nombres que personne ne pouvait connaître. Mais, inconsciemment, ils ont été inspirés par les démons et le feu dans lequel ils ont vu des chiffres. En effet, le magicien dévoile alors le total prémonitoire inscrit sur le tableau posé sur le pupitre ; c'est exactement celui de l'addition des nombres « aléatoires » formés par les cartes suspendues aux clous.

Matériel nécessaire

Les dispositifs de mise en scène pour faire de la fumée ou du feu sont laissés à l'imagination de chacun. Divers systèmes sont vendus dans les magasins d'accessoires de magie. Le matériel indispensable est le suivant :

1. Un grand tableau en bois d'environ 0,5 mètre de largeur et 1 mètre de hauteur ou éventuellement de plus grandes dimensions selon celles des cartes à accrocher dessus. Les clous sont disposés en 6 rangées, formées chacune par 4 clous (Figure 4.2). En dessous de ces rangées de clous se trouve un espace disponible pour effectuer le total des nombres après disposition des cartes.

2. Quatre boites pouvant contenir chacune 6 cartes.

3. 24 cartes ayant un trou en haut pour pouvoir les accrocher. Chaque carte porte un chiffre. C'est la répartition des cartes dans les boîtes qui constitue l'astuce permettant de connaître à l'avance le total.

La boîte n°1 contient les cartes portant les chiffres situés dans la première colonne du tableau ci-contre, à savoir : 7, 6, 9, 1, 5, 4.

La boîte n°2 contient les cartes de la deuxième colonne : 1, 9, 7, 5, 8, 6. La boîte n°3, les chiffres de la troisième colonne. La boîte n° 4, les chiffres de la quatrième colonne (Fig. 4.2).

4. Une ardoise pour écrire la prédiction faite par le magicien du total de l'addition. Un pupitre pour tenir l'ardoise ; celle-ci peut être simplement posée sur une chaise.

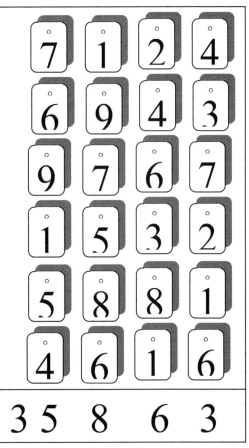

Figure 4.2

Le travail caché du magicien

La mise en scène de l'inspiration venue de l'au-delà ou d'une transmission de pensée est du ressort de vos talents de comédien et d'artiste. Il faut ensuite faire en sorte que le public voit bien l'accrochage des cartes sur le tableau. Pour cela il faut disposer le tableau sur un support d'une hauteur telle que l'accrochage des cartes puisse être fait aisément.

Vous devez ensuite organiser l'accrochage des cartes en suivant l'ordre des boîtes. Les quatre spectateurs sur la scène portent les boîtes numérotées. Celui qui a la boîte n°1 commence par tirer au hasard une carte dans sa boîte et l'accroche sur le tableau dans la première rangée et la première colonne. « Chacun son tour » dites-vous. Le porteur de la boîte n°2 tire une carte au hasard et la place dans la première rangée de la deuxième colonne ; le porteur de la boîte n°3 place sa carte dans la première rangée de la troisième colonne et enfin le quatrième dans la quatrième colonne de la première rangée. Dans la première rangée un nombre de quatre chiffres est donc écrit.

Le remplissage des cinq rangées suivantes se fait dans le même ordre des boîtes. Vous devez veiller à ce que chacun accroche sa carte dans la colonne qui correspond au numéro de sa boîte. Il faut, implicitement que cet ordre soit justifié ; par exemple, en fonction de l'âge des participants.

Lorsque la première boîte est vide après l'accrochage dans la sixième rangée, puisqu'elle ne contient que 6 cartes, le magicien la reprend en disant qu'il n'y a plus de place. Le public voit que le tableau est complet et donc il doit avoir l'impression que c'est la véritable raison pour laquelle le magicien ramasse les boîtes et non pas parce qu'il n'y a plus de cartes dans la boîte.

Lorsque les cartes ont été correctement mises, bien que l'ordre dans lequel elles ont été accrochées soit aléatoire, le total est toujours le même. Dans l'exemple donné : 35 863. Cela résulte du fait que les six cartes dans une colonne donnée seront toujours les mêmes et donc que leur total est indépendant de l'ordre dans lequel elles sont disposées.

Vous devez donc bien mettre en valeur le fait que le tirage effectué par chacun des porteurs de boîte est fait au hasard. Par conséquent, les nombres obtenus dans chaque rangée sont effectivement aléatoires et peuvent être complètement différents d'un tirage à l'autre.

Lifting d'une vieille idée

Le principe de ce tour est très vieux mais comme toute bonne idée il peut brillamment refaire surface malgré son grand âge. Le tout est de savoir lui donner un petit coup de décapant et de brosse à reluire.

Ce que voient et entendent les spectateurs

Sur la scène, mises en ligne, six chaises sont nécessaires pour asseoir 6 spectateurs volontaires. Bref, ce n'est pas vraiment un tour de close-up mais son principe peut servir dans de nombreuses situations.

Neuf cartes géantes sont présentées aux 6 volontaires qui en choisissent, au hasard, une chacun. Sur chaque carte est inscrit un chiffre différent, de 1 à 9. Les volontaires ne montrent pas la face de la carte portant un chiffre. Ils s'assoient chacun sur une chaise face au public en tenant leur carte vue de dos par le public.

Le magicien leur raconte un petit laïus du genre suivant : « Imaginez que vous êtes réellement des cartes à jouer et que vous vous mélangiez. » Un choix de trois dames et trois messieurs est évidemment préférable pour que ce « mélange » soit perçu de manière humoristique sinon érotique. « Levez-vous, poursuit le magicien, et changez de place de telle sorte que vous soyez persuadé que l'ordre dans lequel vous êtes assis soit vraiment le seul fait du hasard. »

« Maintenant poursuit le magicien, un jeu de cartes doit être coupé. Je vais donc couper dans le tas. Monsieur (ou Madame) veuillez vous déplacer en vous mettant à l'extrémité de la rangée et les autres vont se pousser. »

Le magicien demande le plus grand silence et fait semblant de se concentrer intensément ou tout autre jeu de scène. Puis il sort un grand chronomètre et demande à l'un des volontaires de chronométrer ce qu'il va faire à présent. Le magicien se dirige vers un tableau visible depuis le début du tour. Il crie au porteur de chronomètre de le déclencher. Il se met alors à écrire très rapidement quatre rangées de six chiffres sur le tableau. Dès que le dernier chiffre est inscrit, le magicien crie au chronométreur : « Stop. Quel est le temps que j'ai mis pour écrire ces nombres ? »

Le chronométreur annonce le temps, de l'ordre en général d'une vingtaine de secondes. Puis le magicien additionne les chiffres qu'il a écrits. Il obtient un certain total que les spectateurs peuvent aisément vérifier puisque le tableau est face au public.

La minute de vérité arrive. Le magicien demande aux volontaires de se lever, de retourner tous ensembles leurs cartes et de les lever à bout de bras au-dessus de leur tête. Le nombre formé par les six cartes est bien égal au total découvert par le magicien.

Matériel nécessaire et préparation

1. Neuf cartes géantes sur lesquelles un chiffre de 1 à 9 est inscrit. Des cartes géantes avec un recto blanc ou non sont vendues dans les magasins d'accessoires pour magiciens. Il suffit de coller au recto un chiffre fabriqué à l'ordinateur.

Au verso, sur le dos des cartes, vous faites des marques discrètes indiquant le nombre inscrit au recto. Le marquage doit être à la fois bien intégré dans le dessin du dos mais pouvoir cependant être repérable d'assez loin.

2. Un tableau noir et une craie. Ou bien une grande feuille de papier sur un support et un stylo feutre noir.

3. Un grand chronomètre d'un style assez farfelu.

Le travail caché du magicien

Le magicien fait choisir des cartes par les volontaires. Il doit forcer la carte portant le chiffre deux ce qui, en principe, doit pouvoir être réalisable sur six tirages. Sinon vous imposez la carte portant le chiffre deux à l'un d'entre eux. Il reste alors trois cartes qui n'ont pas été tirées ce qui renforce l'idée d'un véritable tirage au hasard.

Le « mélange » des volontaires entre les chaises est réalisé librement. Vous pouvez arrêter le remue-ménage si vous voyez que le chiffre deux se trouve sur la première chaise la plus à droite de la rangée lorsque vous êtes face au public. Si ce n'est pas le cas, vous « coupez » en faisant se déplacer le chiffre deux de façon qu'il occupe précisément cette première chaise. Ce chiffre deux sera le premier du fameux total de votre addition.

Lorsque tous les volontaires sont en place, vous mémorisez le nombre A que forment leurs cartes en regardant leur marquage au dos. Pour le public, vous ne connaissez donc pas les nombres choisis par chacun.

Pour pouvoir écrire très rapidement quatre nombres dont le total doit être précisément égal à A, il faut mémoriser le petit tableau suivant ou un autre équivalent. Pour être sûr de ne pas l'oublier, il peut être prudent de l'écrire sur une carte que vous cachez dans la main. Les nombres à mémoriser sont les suivants (Figure 4.3) :

7	4	6	9	6
3	9	2	6	5
-	-	-	-	-
9	7	1	5	0

Figure 4.3

7	4	6	9	6
3	9	2	6	5
5	0	2	7	3
9	7	1	5	0
2 6	1	3	8	4

Figure 4.4

Le total de ces 3 nombres est égal à 211 111. Pour obtenir le total A désiré, il suffit de soustraire 1 de chacun des chiffres inscrits sur les 5 dernières cartes des volontaires et de l'inscrire, dans le bon ordre naturellement, sur la ligne indiquée ci-dessus par des tirets.

À titre d'exemple, supposons que les volontaires forment avec leurs cartes le nombre : $2 - 6 - 1 - 3 - 8 - 4$. C'est l'ordre des cartes que tiennent les volontaires lorsqu'ils ont changé de place après « mélange » et « coupe ». Ces chiffres peuvent être lus à distance sur le dos des cartes tenues par les volontaires. Le magicien demande aux volontaires de se concentrer sur le chiffre de leur carte et d'essayer de lui transmettre ces chiffres par la pensée.

Ne tenez pas compte du premier volontaire qui porte la carte 2. Le premier chiffre à inscrire concerne le deuxième porteur de carte ayant le chiffre 6, soit : $6 - 1 = 5$; ensuite, le troisième porteur a le chiffre 1, d'où : $1 - 1 = 0$, etc. Les chiffres que vous marquez sur la troisième ligne sont donc, de gauche à droite : $5 - 0 - 2 - 7 - 3$. Vous obtenez donc le tableau de la figure 4.4.

L'écriture des quatre nombres sur le tableau doit se faire très rapidement, le chronométrage ajoutant un aspect dramatique à l'action, la transmission de pensée étant très difficile.

Vous rappelez que chacun a librement choisi une carte et s'est assis sur n'importe quelle chaise. L'addition des quatre nombres donne le total : 261 384. C'est le nombre que les volontaires vont former lorsqu'ils dévoilent tous ensembles au public les chiffres que portent leurs cartes.

Deviner un nombre pensé par un spectateur

Ce tour de mathémagique a été inventé par le sieur de Méziriac dont nous donnons ci-après un petit aperçu de sa vie et de son célèbre ouvrage : *Problèmes plaisants et délectables qui se font par les nombres*, paru au début du 17ᵉ siècle.

Ce que voient et entendent les spectateurs

Le magicien rappelle que les nombres ont toujours eu un certain aspect magique, bénéfique ou maléfique. C'est le cas, par exemple, du nombre 13. C'est une vieille tradition qui remonte plus loin que l'Antiquité grecque.

Il montre alors un vieux grimoire qu'il a trouvé dans une réédition du fameux livre de Nostradamus : *Centuries astrologiques,* publié pour la première fois en 1555. Il déplie le grimoire et demande à un spectateur de bien vouloir se prêter à une séance de divination des pensées. Il prête un stylo, un calepin et une calculette à un volontaire. Puis il commence à lire le grimoire :

« Fais multiplier le nombre pensé par quel nombre que tu voudras, puis diviser le produit par quel autre que tu voudras. »

Reprenant les termes du grimoire, il demande au spectateur de penser à un nombre entier entre 20 et 100 et de l'inscrire secrètement sur le calepin, puis de multiplier ce nombre par 17 et ensuite de le diviser par 4. Puis le magicien continue la lecture :

« Puis diviser le quotient par quelque autre, et derechef multiplier ou diviser par un autre, et ainsi tant que tu voudras. Voire même, s'il te plaît, remets cela à la volonté de celui qui aura songé le nombre. »

Le magicien demande alors au spectateur volontaire d'énoncer à haute voix pour l'assemblée des spectateurs un chiffre quelconque, puis de multiplier le quotient trouvé précédemment par ce chiffre. Puis il continue la lecture :

« Dis à celui qui a songé le nombre qu'il divise le dernier nombre qui lui reste par le nombre pensé. »

Le magicien demande au volontaire de diviser son dernier nombre par le premier nombre auquel il a pensé. Puis il continue sa lecture :

« Partant, fais ajouter à ce quotient le nombre pensé et demande qu'il te déclare cette somme. »

Le spectateur volontaire doit faire cette dernière addition et énoncer le résultat auquel il aboutit. Le magicien récapitule l'ensemble du processus, rappelant que le spectateur a choisi un nombre librement que lui seul connaît. Qu'il a fait un ensemble d'opérations et qu'il a lui-même choisi un chiffre au hasard pour faire une dernière multiplication. Il demande alors au spectateur de se concentrer sur le nombre qu'il avait secrètement pensé dès le début ainsi que sur le résultat qu'il a énoncé publiquement. Puis, après quelques simulations de transmission de pensée, le magicien révèle le nombre choisi secrètement pas le spectateur.

Matériel nécessaire et préparation

1. Une calculette de grand format. Il faut un modèle très simple ne comportant que les opérations élémentaires.
2. Un calepin.
3. Un crayon ou un stylo.

Le travail caché du magicien

Il n'y a pas de préparation. La seule chose à faire durant les opérations effectuées par le spectateur est de choisir vous-même un nombre et d'effectuer sur celui-ci les mêmes opérations que celles réalisées par le spectateur.

Lorsque vous demandez au spectateur de diviser son dernier nombre par le premier auquel il a pensé, vous devez tous les deux aboutir au même quotient, appelons Q ce dernier. Le reste alors est évident, puisque vous demandez au spectateur d'ajouter à ce quotient le nombre qu'il a pensé, puis d'énoncer le résultat. Il vous suffit de déduire du nombre annoncé par le spectateur la valeur de Q que vous connaissez.

Exemple

Supposons que le spectateur choisisse le nombre 28. Reprenons les nombres donnés précédemment. Le spectateur multiplie 28 par 17 puis divise le produit par 4, ce qui donne pour résultat 119. Ensuite, le spectateur choisit un chiffre, par exemple, 3 et il effectue la multiplication : 119 x 3 = 357. Il divise ensuite ce nombre par celui qu'il a pensé au début, soit : 357 / 28 = 12,75 = Q. Enfin, il ajoute 28 à ce quotient et obtient : 40,75 ; c'est ce dernier chiffre qu'il dévoile publiquement.

De votre côté, vous choisissez un nombre quelconque sur lequel vous allez effectuer les mêmes opérations qui vous conduisent tous les deux à la même valeur Q. Prenez le chiffre 1 comme nombre de départ. Multipliez-le par 17 ; soit : 1 x 17 = 17 ; puis divisez le résultat par 4, soit : 17 / 4 = 4, 25 ; multipliez ensuite par trois ce dernier nombre, soit : 4,25 x 3 = 12,75 = Q. Vous obtenez bien le même quotient que votre spectateur.

Ce dernier annonce le nombre final, soit : 40,75. Il suffit de déduire du nombre donné par le spectateur la valeur du quotient Q que vous connaissez, soit : 40,75 – 12,75 = 28. C'est bien le nombre pensé par le spectateur.

Comment ça fonctionne ?

Lorsque sur un nombre quelconque x, on fait une suite de multiplications et de divisions, on obtient un résultat R de la forme : $R = x(abc..) / (ghi...)$. Lorsqu'on divise ce nombre R par x, on obtient : $R/x = (abc..) / (ghi...) = Q$, quel que soit le nombre x. Le quotient Q est donc le même pour le magicien et pour le spectateur. Lorsque le spectateur ajoute le nombre x au quotient, soit : $S = (Q + x)$ et vous donne ce résultat, il suffit de faire la soustraction : $S - Q = x$ pour obtenir le nombre pensé par le spectateur.

Numérologie

La *numérologie* est une prétendue science qui est complètement absurde, sans aucun fondement. Cependant bon nombre de gens prétendent que les nombres permettent de dévoiler des tas de choses sur un individu, par exemple son comportement social, ses tendances, sa véritable nature, etc. Le comble de l'abrutissement est que le recrutement dans certaines entreprises utilise la fumeuse numérologie. Voyons un tour qui se moque de la numérologie tout en prétendant en faire.

Ce que voient et entendent les spectateurs

Le magicien fait semblant d'être un adepte de la numérologie et propose aux spectateurs de faire une petite expérience qui les convaincra peut-être que c'est une science extraordinaire.

Il choisit dans un jeu de cartes un ensemble de 9 cartes qui se suivent, en allant de l'as au 9. Ces cartes sont de n'importe quelle famille, seules les valeurs numériques sont à prendre en compte. Il fait remarquer qu'elles comprennent tous les chiffres de 1 à 9. Ces cartes sont rassemblées et mises en un paquet faces en bas, puis elles sont étalées sur la table en se recouvrant partiellement sur la moitié environ de leur largeur.

Il demande à un spectateur de faire le vide dans son esprit pendant quelques secondes et de se laisser guider par son instinct pour toucher n'importe quelle carte qui se trouve dans la rangée des 9 cartes étalées sur la table. Lorsque le spectateur a désigné une carte, le magicien fait glisser à droite toutes les cartes qui se trouvent au-dessus de celle désignée. Il en fait un petit paquet et fait remarquer au spectateur que la carte qu'il a désignée se trouve sous le petit paquet qu'il vient de ramasser ; il ne lui montre pas cette carte. Il rappelle au spectateur que la numérologie permet de découvrir le numéro qui peut porter chance à un individu et que le chiffre que désigne la carte est peut-être une prédiction bénéfique pour le spectateur. Pour le savoir, il faut que la puissance numérologique des cartes permette de vérifier cette prédiction.

Le magicien compte ensuite 20 autres cartes prises dans le restant du jeu. Ces 20 cartes sont posées en pile faces en bas sur la table. Le magicien prend les cartes restantes parmi les neuf et il les pose sur le paquet des 20 autres cartes. Il demande au spectateur de couper le paquet ainsi formé en deux paquets inégaux, puis de compter les cartes qui se trouvent dans chacun des deux paquets inégaux.

Supposons que le spectateur obtienne les nombres 15 et 8. Le magicien rappelle alors qu'un des principes fondamental de la numérologie est de réduire tout nombre de plusieurs chiffres à un seul en additionnant les chiffres qui le compose jusqu'à ce que les totaux successifs aboutissent à un seul chiffre. C'est ce qu'il fait : l'addition des chiffres de 15 donne 6, puis l'addition de 6 avec 8 donne 14, enfin la réduction des chiffres de 14 donne 5.

Le magicien demande au spectateur de retourner la petite pile de cartes sous laquelle se trouve la carte qu'il avait désignée dans la rangée des neuf cartes. La valeur de cette carte est précisément égale à 5. Il félicite le spectateur d'avoir découvert son chiffre de chance grâce à l'illusion de la numérologie.

Le travail caché du magicien

Lorsque vous avez choisi 9 cartes, de l'as au neuf, vous prétendez que vous allez les mélanger dans un ordre quelconque afin que les spectateurs ne sachent pas quel est le chiffre correspondant à chacune. En fait, vous éventaillez les cartes et vous les classez dans l'ordre suivant : 2, 3, 4, 5, 6, 7, 8, 9, as, en allant de la gauche vers la droite. Lorsque vous formez une rangée sur la table, faces vers le bas, vous posez le 2 à gauche et vous le recouvrez à moitié sur sa longueur par le 3, puis vous faites de même avec le 4 qui recouvre à moitié le 3, etc. L'as se trouve donc à l'extrême droite de la rangée. Cette disposition vous permet de ramassez facilement toutes les cartes qui se trouvent au-dessus de la carte que va désigner le spectateur.

Le reste du tour se déroule comme ce que voient et entendent les spectateurs. Vous n'avez rien de plus à faire.

Comment ça fonctionne ?

On peut vérifier facilement le résultat obtenu en prenant un exemple. Si le spectateur choisit la carte 6, vous ramassez en même temps que le 6 les autres cartes qui se trouvent sur le 6, à savoir les cartes 7,8,9,1. Il reste donc sur la table, les quatre cartes : 2, 3, 4, 5. Vous ajoutez ces quatre cartes aux 20 autres cartes, soit en tout 24 cartes. Le total des chiffres du nombre 24, donne bien 6.

Quel que soit le partage en deux paquets de ces 24 cartes, les nombres de cartes de chaque paquet seront de la forme $(10 + x)$ et $(10 + 4 - x)$. La réduction de ces nombres est égale à : $(1 + x)$ et $(1 + 4 - x)$ et la réduction de la somme de ces deux derniers nombres est égale à $(1 + x) + (1 + 4 - x) = 6$.

De manière générale, lorsque le spectateur choisit un chiffre A parmi les 9 cartes et que vous ramassez à partir de A, il reste sur la table $(A - 2)$ cartes, formule encore valable en donnant à l'as la valeur 10. En ajoutant les $(A - 2)$ cartes au 20 autres, vous obtenez un paquet de $(20 + A - 2)$ cartes. La réduction de ce nombre conduit toujours à $(2 + A - 2) = A$ quelle que soit la carte choisie.

Quel que soit le partage de ces $(20 + A - 2)$ cartes en deux paquets inégaux, les nombres de cartes de chaque paquet seront de la forme $(10 + x)$ et $(10 + A - 2 - x)$. La réduction de ces deux nombres donne : $(1 + x)$ et $(1 + A - 2 - x)$, et finalement la réduction de la somme de ces deux derniers nombres est égale à A.

Divination d'un numéro de téléphone

Les numéros de téléphone comportent, en France, 10 chiffres. Le premier chiffre n'est pas obligatoirement 0 selon l'abonnement souscrit. La méthode suivante permet de « deviner » le numéro de téléphone d'un spectateur.

Ce que voient et entendent les spectateurs

Le magicien demande à un spectateur d'inscrire son numéro de téléphone sur une feuille de papier. Il lui demande ensuite de lui donner la somme du premier et du deuxième chiffre, puis du deuxième et du troisième, et ainsi de suite jusqu'à la somme du neuvième et du dixième. Finalement, il demande la somme des deuxième et dixième chiffres.

Au fur et à mesure, le magicien inscrit les nombres donnés par le spectateur sur une feuille de papier. « Faites maintenant un effort mental pour m'aider. Pensez fortement au premier chiffre de votre numéro de téléphone. C'est facile, il suffit de vous rappeler quel abonnement vous avez. » demande le magicien au spectateur. Après quelques instants de concentration, le magicien annonce le numéro de téléphone.

Le travail caché du magicien

Vous inscrivez les neufs premiers totaux annoncés par le spectateur. Au fur et à mesure vous additionnez mentalement les deuxième, quatrième, sixième et huitième sommes et vous notez le total obtenu, A. Vous demandez la somme du deuxième chiffre et du dixième, soit b, et vous ajoutez les deux sommes : $A + b = B$.

Ajoutez ensuite les troisième, cinquième, septième et neuvième sommes, et vous notez le total, C.

Vous effectuez la soustraction : $B - C = D$. Vous divisez par deux le nombre D. Le chiffre $D/2$ est le deuxième chiffre du numéro de téléphone. Il est alors facile de trouver les autres chiffres en procédant successivement à partir des sommes données.

Exemple

Considérons le numéro de téléphone suivant : 04 78 05 32 25. Le spectateur va vous donner d'abord les neuf nombres suivants : 4, 11, 15, 8, 5, 8, 5, 4, 7. Vous calculez mentalement la somme : $11 + 8 + 8 + 4 = 31 = A$. Vous demandez au spectateur d'additionner les deuxième et dixième chiffres du numéro de téléphone, soit : $9 = b$. Vous ajoutez ce dernier nombre : $31 + 9 = 40 = B$. Vous pouvez écrire ce nombre mais il est plus élégant de vous rappelez sa valeur car vous n'avez plus de nouveaux nombres à demander au spectateur.

Vous calculez à présent la somme : $15 + 5 + 5 + 7 = 32 = C$. Vous effectuez la soustraction : $40 - 32 = 8 = D$. Vous divisez 8 par 2, et vous obtenez le deuxième chiffre du numéro de téléphone, soit 4. Puisque la première somme annoncée par le spectateur est 4, le premier chiffre est 0. Ensuite le troisième chiffre est $11 - 4 = 7$; etc.

En écrivant le numéro de téléphone sous la forme générale *ab cd ef gh ij*, il est facile de montrer, de manière générale, que les additions et la soustraction que vous effectuez permettent d'obtenir le deuxième chiffre du numéro cherché.

Cette méthode est utilisable si le nombre de chiffres donné est pair. Elle peut donc être adaptée pour n'importe quelle suite paire de chiffres. Elle est également adaptable pour une suite de nombres quelconques en quantité paire.

Divination du numéro d'un billet de banque

Les billets de 10 ou 20 euros comportent un numéro de 11 chiffres dans une série donnée ; le numéro est précédé par une lettre indiquant la série. Le nombre de chiffres du numéro d'un billet est donc impair. La méthode utilisée précédemment pour les chiffres en quantité paire doit alors être adaptée mais reste du même genre. Prenons l'exemple du billet de banque dont le numéro comporte 11 chiffres.

Vous inscrivez les dix premières sommes, calculées comme précédemment, annoncées par le spectateur. Au fur et à mesure vous additionnez mentalement les première, troisième, cinquième, septième et neuvième sommes, et vous notez mentalement le total obtenu, A. Vous demandez la somme des premier et onzième chiffres, soit b, et vous ajoutez les deux sommes : $A + b = B$.

Ajoutez ensembles les deuxième, quatrième, sixième, huitième et dixième sommes, et vous notez mentalement le total, C.

Vous effectuez la soustraction : $B - C = D$. Vous divisez par deux le nombre D. Le chiffre $D/2$ est le deuxième chiffre du numéro du billet. Il est alors facile de trouver les autres chiffres en procédant successivement à partir des sommes données.

Exemple

Demandez à un spectateur de sortir un billet de 10 ou 20 euros et de noter le numéro de série du billet. Soit, par exemple, le nombre : 16 75 64 52 26 5. C'est un nombre ayant une quantité impaire de chiffres.

Le spectateur vous donne les totaux suivants : 7, 13, 12, 11, 10, 9, 7, 4, 8, 11. Vous effectuez le total : $7 + 12 + 10 + 7 + 8 = 44$. Vous demandez la somme des premiers et onzième chiffres du numéro du billet, soit : $1 + 5 = 6$. Vous additionnez ensuite : $44 + 6 = 50$. Puis vous faites l'addition des deuxième, quatrième, sixième, huitième et dixième sommes, soit : $13 + 11 + 9 + 4 + 11 = 48$. La soustraction entre ces deux derniers totaux donne : $50 - 48 = 2$. En divisant par deux ce dernier chiffre : $2/2 = 1$, vous obtenez le premier chiffre du numéro du billet : c'est le chiffre 1. Vous continuez alors en effectuant successivement toutes les soustractions à partir des sommes données par le spectateur.

Divertissements et curiosités délectables

L'inoubliable sieur de Méziriac (1581-1638)

Le sieur de Méziriac, né Claude-Gaspard Bachet, dont on voit le portrait ci-après, est un personnage mythique dans l'univers des jeux mathématiques. Il est également le créateur de certaines devinettes mathématiques qui ont été reprises, au cours des siècles, par des illusionnistes en les présentant sous forme de tours de mentalisme.

Il est en effet l'auteur d'un célèbre ouvrage, *Problèmes plaisants et délectables qui se font par les nombres*, paru en 1612. Cet ouvrage, revu et augmenté, a été publié par la Librairie scientifique et technique Albert Blanchard.

Le sieur de Méziriac n'est certes pas l'inventeur des jeux mathématiques mais son ouvrage est le premier qui se présente comme purement récréatif. D'autres livres plus anciens de mathématiques avaient inclus parfois un chapitre consacré à des divertissements. Tel est le cas, par exemple, de l'ouvrage du mathématicien et médecin Nicolas Chuquet (1445-1500) dans un chapitre

intitulé : *Jeux et esbatements qui par la science des nombres se font*. Il est vraisemblable que les problèmes présentés dans ce chapitre existaient déjà bien avant dans l'Antiquité et chez les mathématiciens arabes.

Outre ses qualités de ludographe, Bachet était un mathématicien distingué. Lorsque fut fondée l'Académie Française par Richelieu en 1634, Bachet fut désigné pour en faire partie. Dans son ouvrage de « problèmes plaisants et délectables », Bachet introduit d'ailleurs des études mathématiques fondamentales qui ont été supprimées par la suite dans des éditions contemporaines consacrées uniquement aux jeux. Le comte de Lagrange (1736-1813), célèbre mathématicien, rendit hommage un siècle plus tard au sieur de Méziriac pour son travail sur la résolution des équations du premier degré à deux inconnues en nombres entiers.

Curiosités numériques

Multiplication par 37

Considérons la progression arithmétique suivante : 3, 6, 9, 12, 15, 18, 21, 24, 27, de raison 3.

Multiplions par 37 chacun de ses termes. On obtient les nombres successifs : 111, 222, 333, 444, … 999, formés de trois chiffres identiques et tels que la somme de leurs chiffres est égale au multiplicateur qui les a produits.

Puisqu'on a considéré la progression arithmétique de raison 3, tous les nombres x de cette progression sont de la forme $3x$. On a donc $37 \times 3x = 111x$.

Le nombre 12 345 679

Ce nombre est formé par la suite des premiers entiers sauf le huit. Considérons la progression arithmétique de raison 9 : 9, 18, 27, … 81. Si l'on multiplie un nombre de cette progression par le nombre 12 345 679, on obtient un produit composé de 9 chiffres identiques. Ceci résulte du produit :

12 345 679 × 9 = 111 111 111

Puisque les nombres de la progression sont des multiples de 9, le résultat annoncé se comprend aisément. Par exemple : 12 345 679 × 9 × 7 = 777 777 777.

L'abominable nombre 666

Le nombre 666 est considéré comme maléfique par des numérologues et de nombreuses combinaisons ont été trouvées pour le représenter. Certaines sont

étonnantes, par exemple : $666 = 6 + 6 + 6 + 6^3 + 6^3 + 6^3$. C'est également la somme des carrés des 7 premiers nombres premiers :
$$666 = 2^2 + 3^2 + 5^2 + 7^2 + 11^2 + 13^2 + 17^2.$$
C'est vraiment un nombre digne de Satan, complètement ensorcelé !

Les nombres palindromiques

Un *palindrome* est un mot ou une phrase qui se lit dans les deux sens. Des mots usuels sont parfois des palindromes ; c'est le cas de *non, kayak, gag, ressasser, Laval, Noyon*. Des phrases entières ont été inventées sous forme de palindrome, par exemple : *Karine égarée rage en Irak* ; *Ève rejette le mot omelette, je rêve*.

On peut extrapoler l'art du palindrome aux nombres. Par exemple 1991, 3993 se lisent dans les deux sens ; la date 20-02-2002 est un palindrome numérique ; sans doute était-ce une date bénéfiques pour les jeux de hasard mais il est possible que les numérologues n'y ont vu que du feu.

La somme palindromique des cubes des 6 premiers entiers a pour expression : $1^3 + 2^3 + 3^3 + 4^3 + 5^3 + 6^3 + 5^3 + 4^3 + 3^3 + 2^3 + 1^3$. Calculez le total de cette addition. Vous allez être saisi d'horreur en découvrant un satané nombre et je dirai même plus, un nombre satanique.

Les nombres de Kaprekar

Si on élève 297 au carré, le nombre obtenu 88 209 peut se scinder en deux nombres : 88 et 209. Si on fait la somme de ces deux nombres, on obtient le nombre 297 de départ. C'est un exemple de nombre de Kaprekar.

Curieusement, le nombre 703, complément de 297 à 1000, possède une propriété du même genre. On a en effet : $703^2 = 494\ 209$ et la somme des nombres 494 et 209 redonne le nombre 703 de départ.

Essayez de trouver d'autres nombres de Kaprekar. En voici quelque uns : 45, 2728, 7272 ; de très grands nombres de Kaprekar ont été déterminés, par exemple 14 141 414 141 415. Faites le calcul.

Des allumettes romaines

On peut écrire des chiffres romains avec des allumettes même si celles-ci ne sont apparues que vers 1845. Chaque trait représente une allumette.

1. Déplacez une allumette pour rétablir l'égalité (Figure 4.5).

| Figure 4.5 | Figure 4.6 | Figure 4.7 |

2. Ajoutez deux allumettes à la figure 4.6 pour obtenir deux (La solution n'est pas évidente si l'on ne va pas voir des émirats arabes).

3. Déplacez une allumette pour que l'expression de la figure 4.7 soit vérifiée (Ce n'est pas évident).

Cryptarithmes

Les cryptarithmes sont des sortes de rébus mathématiques dans lesquels tous les chiffres d'une opération mathématique ont été remplacés par des lettres. Les nombres se présentent donc sous forme de mots. Le problème consiste à retrouver l'opération d'origine faite avec des chiffres.

Dans un cryptarithme le même chiffre est toujours transformé en la même lettre. De plus, aucun nombre ne commence par zéro. Le plus fameux des cryptarithme fut envoyé par un amateur de jeux mathématiques à son éditeur pour lui réclamer de l'argent. Il se présente sous la forme de l'addition suivante :

SEND + MORE = MONEY

L'histoire ne dit pas si l'éditeur fit la sourde oreille. La résolution des cryptarithmes est souvent assez difficile. Vous pouvez en juger en essayant de découvrir par vous-mêmes les chiffres par lesquels il faut remplacer les lettres pour que l'addition précédente soit exacte. On peut facilement dire que M = 1 car la somme de deux nombres de 4 chiffres est toujours inférieure à 20 000. Mais la suite est moins évidente. Essayez et vous comprendrez. La solution est la suivante : 9567 + 1085 = 10652. C'est une solution unique que l'on peut vérifier.

Les admirateurs de Tintin et Milou ont trouvé des cryptarithmes extraordinaires ; par exemple : CIGARE + CIGARE + CIGARE = PHARAON. La valeur du Pharaon est de 1 602 087 et celle des cigares le tiers d'un Pharaon.

F. A. LaCave ... et sculp. 1731

Chapitre 5

Magie dans un carré

Melencolia gravure réalisée en 1514 par *Albrecht Dürer* (1471-1528)
Un carré magique est situé dans la partie supérieure droite sous la cloche

MELENCOLIA

Cette gravure d'Albrecht Dürer a été réalisée en 1514. Ce nombre est visible dans la partie inférieure du carré magique. Le 15 et le 14 sont dans deux cases différentes.

Albrecht Dürer (1471-1528) est certainement le plus grand peintre allemand de la Renaissance qui puisse être comparé aux maîtres italiens de cette époque. L'artiste a réalisé sur cette gravure une synthèse de deux représentations qui étaient traditionnelles au 16e siècle. D'une part, la représentation de la Mélancolie qui, selon les théories de l'Antiquité, était l'une des quatre « humeurs » du corps humain. D'autre part, la Géométrie, représentée par ses instruments et ses éléments mathématiques. Le personnage symbolique, un ange, qui figure sur cette gravure réunit ainsi l'intelligence et les dons techniques mais il est cependant en proie à la mélancolie.

À cette époque, le philosophe et helléniste Marsile Ficin (1433-1499) avait considéré, dans ses écrits inspirés d'Aristote, que les hommes hors du commun étaient des mélancoliques qui avaient su maîtriser et sublimer leur mélancolie en réalisant de grandes œuvres.

Selon cette interprétation, *Melencolia* serait une représentation de l'artiste, génie mélancolique qui aspire en vain à créer des œuvres immortelles mais qui a conscience de la fragilité de toute création terrestre. Selon d'autres exégètes, *Melencolia* serait un « portrait spirituel » de Dürer qui, à cette époque de sa vie, ressentait une certaine lassitude engendrant la mélancolie.

Qu'est-ce qu'un carré magique ?

Les carrés magiques sont composés d'un ensemble de cases dans lesquelles des nombres sont inscrits ainsi que le montre l'exemple de la figure 5.1. Pour qu'un carré soit dit magique, il faut que tous les nombres soient différents et que les sommes de chaque rangée, de chaque colonne et de chaque diagonale soient toutes égales à un même nombre.

C'est précisément le cas du carré 5.1, comportant 9 cases, dont les totaux horizontaux, verticaux et diagonaux sont égaux à 15. Le carré 5.2, comportant seize cases, est également magique, toutes les sommes étant égales à 34.

8	1	6
3	5	7
4	9	2

Figure 5.1

16	2	3	13
5	11	10	8
9	7	6	12
4	14	15	1

Figure 5.2

Durant plusieurs millénaires, les carrés magiques ont fasciné ceux qui s'intéressaient aux mathématiques. On retrouve des carrés magiques datant de 4000 ans. Certains sont gravés sur des monuments, des médailles, des assiettes. Les astronomes de l'Antiquité essayèrent vainement de trouver des relations entre les planètes et des carrés magiques.

Certains carrés étaient utilisés comme talismans et intimement liés à la vie quotidienne. Ainsi, le *talisman de Saturne*, dont l'influence magique se révèle le samedi, est le carré magique donné par la figure 5.1.

Paracelse (1493-1541), médecin et alchimiste, avait une théorie médicale basée sur l'idée, issue de l'alchimie, des correspondances entre les différentes parties du corps humain et celles de l'Univers. Paracelse avait calculé un carré magique de la même sorte que celui de la figure 5.1 pour chacun des jours de la semaine. Pour être efficient, le carré magique devait être gravé sur le métal correspondant, selon la théorie alchimique, à la planète du jour considéré. Ainsi celui de Saturne devait être tracé sur une plaque de plomb pur.

44	54	55	41
49	47	46	52
45	51	50	48
56	42	43	53

Figure 5.3   **Figure 5.4**

La figure 5.3 représente une assiette en porcelaine manufacturée en Chine, probablement au cours du 19ᵉ siècle, et destinée aux communautés islamiques. Au centre de l'assiette émaillée est peint un carré magique dont les valeurs sont données par la figure 5.4.

Des manuscrits arabes du 19ᵉ siècle indiquent des recherches sur les propriétés de certains carrés magiques ; des procédés de construction de tels carrés sont également étudiés. De nombreux mathématiciens, amateurs ou profes-sionnels, s'intéressent de nos jours aux carrés magiques.

On remarque que les carrés magiques des figures 5.1 et 5.2 comportent des nombres qui sont les premiers entiers. Par contre, la figure 5.4 montre un carré magique dont les nombres se suivent mais ne sont pas les premiers entiers. On peut donc définir les carrés magiques comme étant nécessairement formés à partir de nombres qui se suivent.

Mais, ainsi que nous le ferons par la suite, nous appellerons carrés magiques tous les carrés ayant des nombres quelconques différents tels que les sommes de chaque rangée, de chaque colonne et de chaque diagonale soient toutes égales à un même nombre.

Quelques carrés magiques d'ordre quatre

On appelle *ordre* d'un carré magique le nombre de cases formant un côté du carré. Les carrés magiques d'ordre quatre formés à partir des nombres de 1 à 16 sont très nombreux. On en compte en effet 880 distincts, et ils donnent tous la somme 34.

Il est remarquable que dans tous les carrés magiques d'ordre quatre, formés à l'aide des 16 premiers entiers, le « carré intérieur », c'est-à-dire celui ayant quatre chiffres situés à l'intérieur du carré, donnent aussi 34. Ainsi, le carré représenté par la figure 5.2 a pour nombres du carré intérieur : 11, 10, 7, 6, dont la somme est bien égale à 34.

Les propriétés des carrés magiques d'ordre quatre ont répertoriées et certaines présentent de curieuses particularités. Ainsi le carré représenté sur la figure 5.5 est appelé *carré supermagique*. La somme de quatre cases adjacentes est aussi égale à 34. Par exemple, les quatre premières cases adjacentes ont pour nombres : 1, 15, 14, 4, dont la somme est bien égale à 34. De même pour les cases suivantes : 14, 4, 11, 5 ; etc.

On peut construire trois carrés magiques, dont 2 avec les mêmes nombres, en utilisant les nombres premiers consécutifs inférieurs à 200. Le carré central et les quatre cellules formant les coins, contenant les nombres (53, 97, 47, 79), donnent aussi la somme magique égale à 276. La figure 5.6 montre l'un de ces deux carrés. Essayez de trouver le second.

1	15	6	12
14	4	9	7
11	5	16	2
8	10	3	13

Figure 5.5
Carré supermagique

53	37	89	97
73	101	61	41
103	71	43	59
47	67	83	79

Figure 5.6
Carré magique formé de nombres premiers

Construire un carré magique d'ordre quatre

La formule de Berholt, représentée sur la figure 5.7, permet de construire très facilement un carré magique d'ordre quatre. On choisit huit nombres différents, notés A, B, C, D, a, b, c, d. Il n'y a plus qu'à calculer les nombres formés à partir des combinaisons indiquées sur la figure 5.7, puis à les placer dans les cases correspondantes. La somme de toutes les lignes, colonnes et diagonales est évidemment égale à $A + B + C + D$ puisque, dans chacune de ces sommes, les nombres a, b, c, d, ou leurs combinaisons, sont ajoutés puis soustraits.

Tous les nombres calculés à partir des formules de Berholt ne sont pas nécessairement différents. Par exemple, on peut avoir $A - a = C + a$ si l'on choisit $C = A - 2a$. Pour avoir des nombres différents dans chacune des 16 cases, il faut choisir convenablement les 8 nombres de départ. Ce n'est pas difficile.

$A - a$	$C + a + c$	$B + b - c$	$D - b$
$D + a - d$	B	C	$A - a + d$
$C - b + d$	A	D	$B + b - d$
$B + b$	$D - a - c$	$A - b + c$	$C + a$

Figure 5.7
La somme magique est égale à $A + B + C + D$

73

On peut facilement former un carré magique d'ordre huit en assemblant quatre carrés magiques d'ordre quatre.

Il ne semble pas que les nombres négatifs aient été introduits dans les carrés magiques. On pourrait ainsi obtenir des carrés dont le total magique serait égal à zéro. De tels carrés symboliseraient le Néant.

Les nombres imaginaires pourraient également être utilisés. Des carrés magiques avec des racines carrés de -1 auraient un petit air de mystère. Ils pourraient symboliser l'alliance de la mathématique et de la magie.

Quels sont les effets, plus ou moins « magiques » que l'on peut obtenir par l'utilisation des carrés magiques dans un numéro d'illusionnisme ? Vous pouvez, par exemple, prétendre que vous possédez des dons innés de calculateur prodige. Ce peut être un préalable à quelques tours de mentalisme mettant ainsi en évidence les dons particuliers que la Nature vous a octroyés. Il ne faut surtout pas prétendre que vous avez un esprit ayant des pouvoirs magiques mais donner par vos calculs une telle impression au public.

Devenez un calculateur prodige

Le magicien commence par rappeler l'existence de calculateurs prodiges. L'exemple de Jacques Inaudi (1867-1950) est sans doute le plus connu. C'était un pâtre italien qui montra, dès le plus jeune âge, un talent de calculateur mental extraordinaire. Il passa toute sa vie à développer ses possibilités, au début en montrant des spectacles de marionnettes qu'il accompagnait d'exhibition de calcul mental. Il était capable d'extraire des racines cinquièmes de nombres à plus de dix chiffres.

Il participa ensuite à un spectacle de magie. En 1880, il vint à Paris et obtint un immense succès de curiosité. En 1892, il parut devant l'Académie des Sciences pour laquelle il exécuta, avec une rapidité déconcertante, des calculs extrêmement longs et difficiles. En 1899, il publia un *Calendrier perpétuel.* Il avait une fantastique mémoire des nombres.

Ce que voient et entendent les spectateurs

Sans prétendre avoir les dons d'un calculateur prodige, le magicien annonce qu'il va réaliser un carré magique devant les spectateurs. Il explique auparavant ce qu'est un carré magique. Il montre comme exemple le carré d'ordre trois de la figure 5.1. Il annonce qu'il va fabriquer devant les spectateurs un carré d'ordre quatre et il trace devant eux, sur une feuille blanche, fixée sur un support en bois, un carré divisé en seize cases.

Le magicien demande à quatre spectateurs de lui donner quatre nombres compris respectivement entre 10 et 50, 51 et 100, 101 et 150, 151 et 200. Ces quatre nombres sont inscrits par le magicien dans les quatre cases du carré central.

Très rapidement, le magicien rempli les autres cases avec des nombres. Pour donner une certaine atmosphère de suspense, le magicien remet un chronomètre à un spectateur qui compte à haute voix les secondes qui passent durant le temps de remplissage des douze cases par le magicien.

Le magicien annonce le total magique. Il remet alors des calculettes à des spectateurs qui vérifient que les nombres inscrits correspondent bien à ceux d'un carré magique.

Matériel nécessaire et préparation

1. Un exemple de carré d'ordre trois dessiné sur une feuille de papier. Le *talisman de Saturne* de Paracelse, par exemple, rappelle la magie ancestrale.

2. Une feuille de papier fixée sur une planche de bois ; un stylo feutre.

3. Un petit carton, grand comme une carte à jouer, sur lequel est écrit le tableau de la figure 5.8.

4. Un chronomètre ; une ou plusieurs calculettes.

Le travail caché du magicien

Pour arriver à calculer rapidement les 12 nombres qui terminent le carré magique, il faut utiliser le schéma de la figure 5.7. Certains peuvent sans doute l'apprendre par cœur mais il est toujours prudent d'avoir des antisèches.

De plus, il faut choisir à l'avance les nombres a, b, c, d, et faire les petits calculs du genre $a + c$, $b - c$, etc. Pour simplifier, il est bon de prendre des chiffres peu élevés. Choisissons, par exemple : $a = 3$, $b = 4$, $c = 5$, $d = 6$.

Les nombres donnés par le public sont les nombres A, B, C, D de la figure 5.7. Ils sont reportés par le magicien dans les cases centrales. Finalement, le schéma que vous conservez sous les yeux est donné par la figure suivante.

A − 3	C + 8	B − 1	D − 4
D − 3	B	C	A + 3
C + 2	A	D	B − 2
B + 4	D − 8	A + 1	C + 3

Figure 5.8

Ce tableau peut être écrit sur un petit carton et dissimulé dans le creux de la main. Lorsque le magicien écrit les douze nombres manquants, il se place face au public qui voit le dos de la plaque de bois sur laquelle est fixée la feuille de calcul. Il pose alors tranquillement le carton portant le tableau 5.8 sur la feuille de calcul en la tenant par le pouce, les autres doigts tenant la plaque de bois.

Suggestions complémentaires

Pour placer les quatre nombres donnés par les spectateurs, le magicien peut demander un assistant pour l'aider. Il lui remet un pistolet d'enfant qui envoie des flèches. L'assistant vise les cases du centre et le magicien écrit un des quatre nombres au fur et à mesure des cases atteintes.

Le choix des nombres A, B, C, D étant arbitraires, le magicien peut donner d'autres critères que ceux proposés.

Pour mieux égarer les soupçons des spectateurs concernant la facilité éventuelle de la fabrication d'un tel carré magique, le magicien peut choisir des nombres a, b, c, d plus grands que ceux proposés. Le calcul mental à effectuer devient un peu plus difficile mais toujours relativement rapide.

Le support de bois qui tient la feuille de calcul peut avoir un entourage suffisamment large. Une petite partie de cet entourage se rabat et comporte le tableau 5.8.

Le carré magique *Melencolia*

Le carré magique qui figure sur la gravure *Melencolia* de Dürer peut être un prétexte pour montrer un carré magique dont les chiffres apparaissent seuls ou permutent magiquement entre eux.

Vous pouvez faire une reproduction agrandie de *Melencolia* et la montrer au public. La gravure en elle-même dégage une certaine magie et une atmosphère d'ésotérisme. Un commentaire sur la gravure permet d'ajouter un aspect culturel à votre numéro tout en induisant une ambiance propice à des expériences dites de mentalisme. Le sablier qui s'écoule évoque le temps et son mystère. La balance, le compas, le polygone, etc., peuvent être des prétextes à évocations mystérieuses. Tous ces détails montrent l'état d'esprit de l'artiste mélancolique mais finalement laissent à chacun le soin de sa propre interprétation.

Ce que voient et entendent les spectateurs

Le magicien explique d'abord ce qu'est un carré magique et montre le carré d'ordre trois de la figure 5.1. Puis il fait ensuite remarquer le carré magique qui figure sous la cloche représentée dans *Melencolia*.

Les nombres qui figurent sur le carré sont reportés sur une feuille de papier ainsi que le montre la figure 5.9. Les nombres se suivent dans un certain ordre : 1, 2, 3, ..., en passant d'une ligne à l'autre, en partant du bas. Les totaux des deux diagonales donnent bien 34, ainsi que le total des quatre cases centrales. Par contre ceux des lignes et des colonnes ne constituent pas un carré magique. Le magicien raconte que les chiffres du tableau, qui formaient bien un carré magique, s'étaient mystérieusement déplacés au cours des siècles pour se mettre en ordre.

Le magicien montre alors une feuille de plastique transparente doublée d'un carton blanc. Cette feuille porte un quadrillage de seize cases comme le carré magique de Dürer. Certains nombres sont inscrits mais il en manque d'autres ainsi que le montre la figure 5.10.

Le magicien fait glisser la feuille fait glisser dans un étui plat ayant une face transparente. Le tracé des carrés est bien visible ainsi que les nombres indiqués sur la figure 5.10.

16	15	14	13
9	10	11	12
5	6	7	8
4	3	2	1

Figure 5.9

16			13
	10	11	
	6	7	
4			1

Figure 5.10

Après avoir annoncé que le vrai carré magique de Dürer va apparaître, le magicien prononce des formules magiques. Il retire doucement la feuille cartonnée de son étui. Visiblement, le public voit le dessin des carreaux et les nombres déjà inscrits qui montent et apparaissent hors de l'étui mais d'autres nombres apparaissent également dans les cases qui étaient vides auparavant. Les cases dans lesquelles étaient déjà inscrits des nombres deviennent colorées alors qu'elles étaient blanches.

Le magicien effectue les totaux des lignes et des colonnes qui sont tous égaux à 34. Il fait remarquer que les deux nombres qui figurent au milieu de la dernière rangée est l'année exacte, 1514, où cette célèbre gravure fut réalisée.

Puis le magicien montre de nouveau la gravure *Melencolia*. Les spectateurs voient avec surprise que les nombres qui figurent dans le carré de cette gravure sont revenus exactement à la place convenable pour former un carré magique, identique à celui dont le magicien vient de faire apparaître les nombres manquants.

Matériel nécessaire et préparation

1. Un exemple de carré d'ordre trois dessiné sur une feuille de papier. Le *talisman de Saturne* de Paracelse, par exemple, rappelle la magie ancestrale.

2. Une reproduction de la gravure *Melencolia*. Un système de volet ou de tirage par derrière permet de faire changer les nombres du carré magique de Dürer. Par exemple, un petit carré de carton, portant le faux arrangement des nombres donné par la figure 5.9 peut glisser et découvrir le véritable arrangement donné par la figure 5.11.

3. Une grande feuille de papier ; un stylo feutre.

4. Une feuille rectangulaire de plastique transparente *A* sur laquelle on dessine le quadrillage comportant seize cases ainsi que les chiffres de la figure 1.10. Cette feuille de plastique *A* est fixée uniquement sur son pourtour sur une plaque de carton blanc *B*.

Cette plaque de carton *B* comporte le dessin du carré magique véritable de Dürer décrit par la figure 5.11. Les cases qui comportaient des nombres sur la figure 5.10 sont colorées ; ce sont les cases situées sur les deux diagonales du carré. Le dessin 5.11 est vu à travers la feuille *A*.

5. Une autre feuille *C* de carton blanc, mince mais assez rigide, est glissée entre la feuille de plastique *A* et la plaque de carton blanc *B* formant le dos (Figure 5.12). Un petit morceau de carton *D* est collé au bas de la feuille *C,* au milieu du côté. Il forme une petite excroissance qui permet de tirer la feuille *C*, en la retenant par le bas, lorsqu'elle est glissée entre les deux autres.

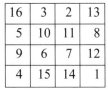

Figure 5.11

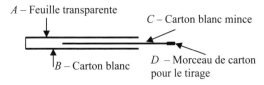

Figure 5.12

6. Un étui plat est constitué également d'une plaque de carton blanc *E*, de dimensions légèrement supérieures à la feuille *A*. Des bandes de carton de faible largeur sont collées sur les deux grands côtés et sur un petit côté du carton *E*. L'épaisseur de ces bandes doit correspondre à celle du système formé par les trois feuilles superposées ensemble *A, B, C*. Une plaque de plastique transparente est collée sur les bandes de carton collées sur le pourtour de *E*. Deux encoches semi-circulaires sont pratiquées dans la plaque *E*, en haut et en bas. La « feuille » 5.12 doit pouvoir glisser dans l'étui sans forcer.

Le travail caché du magicien

Après avoir raconté ce qu'est un carré magique, puis l'histoire de *Melencolia*, vous copiez les nombres représentés sur la figure 5.9. Vous montrez que ce n'est pas un carré magique.

Vous racontez que la position des chiffres a été retrouvée par un alchimiste célèbre qui avait été consulté par les propriétaires de la gravure. Celle-ci avait été exorcisée au préalable car le déplacement mystérieux des nombres laissait présager quelque diablerie.

Cet alchimiste avait fabriqué un système magique qui avait fait apparaître la bonne disposition des chiffres. Et vous prétendez avoir acheté ce fameux système à un antiquaire ainsi qu'un livre donnant les paroles magiques qui permettent de faire apparaître les chiffres manquants.

Vous montrez alors la « feuille » de la figure 5.12 où le carton blanc mobile est glissé. Les spectateurs voient la figure 5.10 qui est dessinée sur le plastique. Le fond est complètement blanc et les traits et les chiffres sont noirs.

Vous glissez la « feuille » dans l'étui et vous prononcez quelques paroles cabalistiques, plus originales que le sempiternel « *Abracadabra* ». Par exemple, en évoquant Belzébuth et les démons. Puis, vous retirez lentement la « feuille » de plastique de son étui mais en bloquant par le bas le carton mobile *C*. Les spectateurs voient alors sortir la « feuille » sur laquelle les chiffres manquants apparaissent et les cases contenant déjà des chiffres deviennent colorées. C'est le dessin de la figure 5.11 qui apparaît, dévoilé progressivement par le glissement hors de la « feuille » du carton mobile *C* qui, lui, reste à l'intérieur de l'étui. L'effet est curieux et semble vraiment magique.

Vous montrez que le carré 5.11 est bien un carré magique en effectuant les totaux des lignes et colonnes qui sont égaux à 34. C'est même un *carré super-magique* puisque les totaux des quatre cases adjacentes des coins du carré valent également 34. Puis, vous faites remarquer que le nombre 1514 est celui de la réalisation de la gravure. Enfin, vous montrez que les nombres de la gravure *Melencolia* sont bien devenus ceux inscrits sur le système magique de l'alchimiste.

Formule pour carrés supermagiques

Pour fabriquer simplement un carré supermagique, je propose la technique suivante. Reprenons la formule de Berholt, donnée par la figure 5.7, en la simplifiant. Les quatre nombres A, B, C, D sont donnés arbitrairement et placés au centre ; la somme magique est donc toujours égale à A + B + C + D. Appelons « x » le nombre tel que : x = [(C + D) – (B + A)]/2, et soit « y » un nombre quelconque. Formons le tableau suivant (Fig. 5.13).

C – x	B + x + y	A + x – y	D – x
D – y	A	B	C + y
B + y	C	D	A – y
A + x	D – x – y	C – x + y	B + x

Figure 5.13
Formule pour carrés supermagiques

Les propriétés classiques des carrés magiques sont vérifiées. La somme de quatre carrés adjacents donne également la somme magique. Pour les deux ensembles de quatre carrés, à savoir :
[(B + x + y) + (A + x – y) + A + B] et [C + D + (D – x – y) + (C – x + y)], c'est le choix de x = [(C + D) – (B + A)]/2 qui permet d'obtenir la somme magique. Finalement pour A, B, C et D donnés, il n'y a que le nombre « y » qui peut être choisi arbitrairement. Si l'on ne veut pas avoir de chiffres négatifs qui figurent dans le carré magique, il faut alors choisir un nombre « y » convenable suffisamment petit.

Plus simplement, en choisissant les nombres « x » et « y » arbitrairement, seules les sommes des quatre carrés adjacents situés en haut et en bas des deux colonnes centrales ne donneront pas la somme magique.

Un carré magique sous influence

Lors de la construction de carrés magiques par le magicien, le nombre magique est donné publiquement par les spectateurs. Ce serait vraiment un effet magique si la somme magique était simplement pensée par un spectateur, donc inconnue du magicien. Puis, par transmission de pensée, le carré magique construit devant les spectateurs par le magicien a précisément pour somme magique le nombre choisi incognito par le spectateur. C'est ce que propose Ted Lesley dans son ouvrage *Para miracles*.

Ce que voient et entendent les spectateurs

Le magicien invite un spectateur à venir sur scène et lui demande de penser à un nombre compris entre 100 et 200. Il lui remet une carte sur laquelle le spectateur écrit ce nombre, « afin de ne pas l'oublier », et il le prie de glisser discrètement cette carte dans un étui totalement opaque qui est conservé par le spectateur.

Le nombre pensé est donc totalement inconnu du magicien. Celui-ci demande alors au spectateur de se concentrer fortement sur ce nombre afin qu'il puisse le transmettre par la pensée au magicien. Le spectateur est invité à poser sa main sur une boule de cristal qui s'illumine plus ou moins fortement lorsque le spectateur se concentre.

« Certains chiffres sont magiques et peuvent former ce qu'on appelle des carrés magiques. Je vais essayer d'en écrire un sur ce tableau sous l'influence de cette transmission de pensée. » Le magicien confie un chronomètre au spectateur sur scène et lui demande de mesurer le temps nécessaire pour écrire le carré magique.

Sur une grande feuille de papier posée sur un chevalet, la grille d'un carré magique 4 sur 4 est tracée. Le magicien remplit rapidement les cases du carré et crie « stop » au chronométreur. Il demande alors au spectateur de dévoiler le nombre pensé.

Le magicien montre ensuite au public que le carré magique a précisément pour nombre magique celui pensé par le spectateur. Il s'agit même d'un carré supermagique.

Matériel nécessaire et préparation

1. Un carton de couleur foncée, bleu marine par exemple, de la taille d'une carte à jouer. La surface du carton doit être lisse et brillante de façon à empêcher d'écrire dessus. Au centre du carton est collé un disque blanc.

2. Un stylo à encre noire.

3. Un étui spécial dans lequel le spectateur glissera le carton. Cet étui permet de lire, à travers une fenêtre qui devient transparente, le texte écrit sur la carte. Ce type d'accessoire est en vente dans tous les bons magasins de magie.

4. Une grande feuille de papier posée sur un chevalet. Les cases d'un carré magique 4 sur 4 sont tracées sur la feuille. Un stylo feutre. Un chronomètre.

Préparation pour le carré magique

Si vous ne voulez pas apprendre par cœur la disposition de la figure 5.13, vous pouvez copier ce tableau quelque part sur votre chevalet. Une autre possibilité consiste également à le copier sur un carton de format carte à jouer et à l'empalmer secrètement. Afin de simplifier le tableau, vous pouvez choisir à l'avance les nombres x et y. Il est également inutile de calculer le nombre x en fonction des nombres A, B, C, D. Le carré sera suffisamment « supermagique ».

Puisque vous demandez de choisir un nombre entre 100 et 200, les nombres A et D, par exemple, peuvent être choisis au moins égaux à 25. Prenons $A = 30$ et $D = 35$. D'autre part, choisissons $x = 11$ et $y = 4$. On obtient le tableau suivant dans lequel certains chiffres sont déjà calculés d'avance.

$C - 11$	$B + 15$	37	24
31	$A = 30$	B	$C + 4$
$B + 4$	C	$D = 35$	26
41	20	$C - 7$	$B + 11$

Figure 5.14

Le travail caché du magicien

Vous demandez au spectateur invité sur scène d'écrire sur le carton au disque blanc un nombre compris entre 100 et 200. Normalement il doit écrire son nombre sur le disque mais il est préférable de le préciser. Il glisse lui-même le carton dans l'étui. Vous lui demandez de le fermer soigneusement et vous prenez l'étui fermé pour le montrer au public. « Seul le spectateur connaît ce nombre » précisez-vous. Un simple coup d'œil vous permet de voir le nombre inscrit sur le carton situé à l'intérieur.

Vous pouvez rappeler que certains nombres ont des propriétés magiques et vous expliquez ce qu'est un carré magique. Les différentes mises en scène que vous pouvez imaginer vous permettent d'avoir du temps pour commencer à calculer les quatre nombres centraux, A, B, C, D. Vous choisissez $A = 30$ et $D = 35$. Ces nombres sont ceux de la figure 5.14. Vous enlevez 65 du nombre choisi par le spectateur ; le reste est égal à la somme $B + C$. Les nombres B et C sont choisies de telle sorte qu'ils diffèrent non seulement de A et D, mais également des autres nombres qui figurent déjà sur le tableau.

Les quatre cases centrales du carré magique peuvent être ainsi rapidement remplies. Pour la suite, il est préférable d'avoir le petit tableau de la figure 5.14 écrit quelque part. Un volet qui coulisse permet de cacher ce petit tableau sur le côté de la feuille, par exemple. En empoignant le bord du chevalet, vous pouvez dissimuler le tableau 5.14. Une petite carte sur laquelle est copié le tableau peut également être empalmée et consultée facilement.

Lorsque le carré est terminé, vous demandez au spectateur le temps que vous avez mis pour le construire. C'est déjà une performance d'être aussi rapide pour fabriquer, ainsi que le public va pouvoir le vérifier, un carré magique. Puis vous demandez au spectateur de dévoiler le nombre qu'il a pensé. Vous montrez alors que toutes les sommes des colonnes, lignes, etc., du carré magique sont précisément égales au nombre pensé par le spectateur.

Un nombre magique encore plus inconnu

Afin de persuader le public que le nombre choisi est vraiment inconnu et qu'il n'y a pas de compérage, vous pouvez débuter par le scénario suivant. Trois spectateurs (ou plus) sont priés d'inscrire un nombre entre 100 et 200 sur des cartons avec disque blanc qui leur sont distribués. Les cartons sont rassemblés par un spectateur et retournés faces en bas.

Un quatrième spectateur tire au hasard l'un des cartons et, sans regarder le nombre inscrit, glisse le carton dans l'étui truqué. Toutes les opérations sont faites jusqu'à présent dans la salle uniquement par des spectateurs. Lorsque le spectateur revient sur scène avec l'étui, vous le prenez et le montrez au public, en regardant discrètement le nombre inscrit. Vous remettez immédiatement l'étui au spectateur sur scène. Puis vous demandez aux trois spectateurs qui ont inscrit les nombres de se concentrer sur celui qu'ils ont pensé.

Vous fabriquez le carré magique. Puis vous priez le spectateur sur scène d'ouvrir l'étui et de lire le nombre. Vous demandez quel est le spectateur, parmi les trois qui ont inscrit des nombres, qui a pensé ce nombre et vous le félicitez pour la puissance de son esprit capable d'influencer ainsi la création d'un carré magique. Vous pouvez lui laisser en souvenir votre feuille avec le carré magique.

Prédiction dans un carré

Voici un effet créé récemment par le célèbre magicien Gaétan Bloom. Le matériel nécessaire est naturellement en vente chez son créateur, au 1, rue du marché, 95 450, Avernes.

Ce que voient et entendent les spectateurs

Le magicien présente une ardoise dont la face est cachée par une feuille de journal. Il précise qu'il a écrit une prédiction sur cette ardoise. En retournant l'ardoise de bas en haut, ce qui fait tomber la feuille vers le bas, il montre un tableau carré dans lequel des chiffres sont inscrits. Mais, l'ardoise étant à l'envers, les chiffres sont vus tête en bas.

Le magicien retourne l'ardoise dans le bon sens et la feuille de journal vient de nouveau cacher les chiffres. Puis il place l'ardoise sur un pupitre bien en vue du public.

Un bandeau noir est ensuite fixé en haut de l'ardoise. Neuf cartes portant les chiffres de 1 à 9 sont montrées au public. Le magicien accroche le chiffre 1 en haut à gauche du bandeau. Il précise alors que 5 cartes parmi les neuf vont être choisies au hasard par les spectateurs afin de créer un nombre quelconque.

Un spectateur est invité à venir faire un premier choix. Le spectateur choisit un nombre et la carte correspondante est accrochée sur le bandeau à la place que choisit le spectateur, pas forcément juste à côté du 1 déjà en place. L'opération est répétée avec d'autres spectateurs pour les 4 autres cartes. Finalement 5 cartes ont été choisies au hasard et forment avec le 1 un nombre à 6 chiffres.

Le magicien retire alors le bandeau fixé sur l'ardoise et le remet à un spectateur. Puis, il enlève la feuille de journal qui recouvrait l'ardoise et le public voit les chiffres inscrits dans le bon sens.

Il donne un bandeau de bristol blanc à un spectateur et il lui demande de faire l'addition des chiffres qui figurent sur l'ardoise. Le spectateur inscrit au fur et à mesure le total sur le bristol. Ce total est exactement celui qui a été choisi de manière aléatoire par le public.

Divertissements et curiosités délectables

Carrés multimagiques

Des carrés multimagiques sont des carrés magiques qui restent magiques lorsqu'on élève à une certaine puissance chacun de leurs éléments.

Par exemple, un carré magique sera dit bimagique s'il reste magique lorsqu'on élève tous ses éléments au carré. Le carré magique suivant, d'ordre 8, est bimagique ; il a été créé par Pfefferman en 1890. C'est une véritable prouesse arithmétique.

38	43	61	52	26	23	1	16
10	7	17	32	54	59	45	36
47	34	56	57	19	30	12	5
3	14	28	21	63	50	40	41
24	25	15	2	44	37	51	62
60	53	35	46	8	9	31	18
29	20	6	11	33	48	58	55
49	64	42	39	13	4	22	27

Figure 5.15

La course aux carrés multimagiques ne s'est pas arrêtée au 19e siècle. En 2001, deux Français ont créé un carré tétramagique d'ordre 512 et la même année un carré pentamagique d'ordre 1024.

On trouve en Chine des carrés magiques, d'ordre trois, plus de 2000 ans avant Jésus-Christ. Les Chinois ont renoué avec une tradition plus que millénaire en créant, en 2003, un carré pentamagique d'ordre 729 et un carré hexamagique d'ordre 4026. L'informatique permet ce genre de prouesses.

Carrés pandiagonaux

Dans un carré pandiagonal toutes les diagonales reconstituées forment des sommes égales au total magique. Pour reconstituer toutes les diagonales, on reporte sur la droite d'un carré magique d'ordre *n*, les (*n* – 1) premières colonnes du carré magique. La figure 5.16 montre la disposition obtenue pour un carré d'ordre 4.

6	9	7	12	6	9	7
3	16	2	13	3	16	2
10	5	11	8	10	5	11
15	4	14	1	15	4	14

Figure 5.16

Ce carré magique a pour somme magique 34. Toutes les diagonales reconstituées sont égales à la somme magique. Par exemple, la diagonale barrée d'un trait pointillé a pour total : 12 + 3 +5 +14 = 34.

Les carrés magiques pandiagonaux peuvent être collés sur un cylindre, les bords droit et gauche se rejoignant. Les diagonales deviennent ainsi des lignes en spirale et toutes les diagonales reconstituées se retrouvent automatiquement sur ce cylindre magique.

Chapitre 6

Racines à extraire

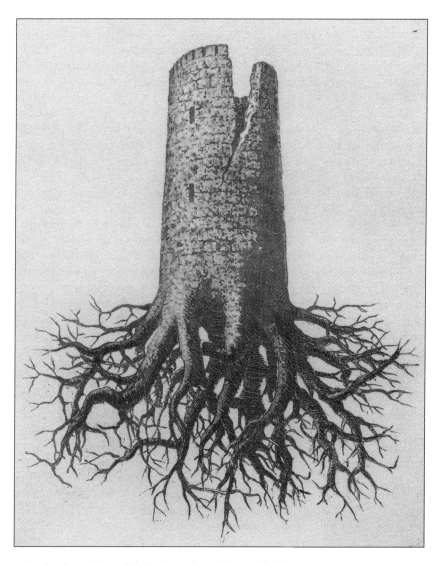

Racines imaginaires difficiles à extraire – Lithographie de *René Magritte* (1898-1967)

Calculateurs prodiges

Les extractions de racines carrées, cubiques ou d'ordres plus élevés de très grands nombres font partie des exploits des calculateurs prodiges. Quelques illusionnistes mettent à leur programme des démonstrations d'extraction de racines sans pour autant être de véritables virtuoses du calcul mental. Nous verrons quelques techniques utilisées.

Certains génies scientifiques avaient d'incroyables capacités de calcul mental alliées à une mémoire fantastique. C'est le cas, par exemple, du mathématicien et physicien Karl Friedrich Gauss (1777-1855). À l'âge de cinq ans, l'instituteur lui demanda de calculer la somme des cent premiers chiffres ; Gauss inscrivit presque instantanément le résultat sur son ardoise car il venait de démontrer la formule générale pour calculer la somme de n'importe quelle suite arithmétique.

Mais ce qui impressionne encore plus les foules autant que le monde des scientifiques, c'est l'existence de calculateurs prodiges souvent quasiment illettrés, capables de performances calculatoires particulièrement remarquables. Dès la plus haute Antiquité, des calculateurs prodiges sont répertoriés ; d'autres sont régulièrement signalés au cours des siècles.

Jacques Inaudi (1867-1950) fait partie de cette longue lignée des calculateurs prodiges qui exercèrent leurs talents capables d'ébaubir leurs contemporains. Il était pâtre lorsque, tout enfant, il montra pour le calcul mental une aptitude extraordinaire. Conduit à Paris, en 1880, il y obtint un vif succès de curiosité et continua par la suite à faire des exhibitions dans des séances d'illusionnisme. Nous verrons l'une de ses méthodes appliquées à la multiplication.

Malgré l'apparition des calculs par informatique, les calculateurs prodiges continuent d'étonner. Ils font évidemment plus fort que leurs prédécesseurs. C'est le cas d'Alexis Lemaire qui, le 6 avril 2005, a établi un record du monde de calcul mental avec l'extraction de la racine treizième d'un nombre comportant 200 chiffres. Effarant ; essayez d'imaginer un nombre avec 200 chiffres.

Il ne s'agit plus d'un personnage inculte mais d'un étudiant de maîtrise poursuivant un cursus de Master d'informatique à l'université de Reims. Comme tout les calculateurs prodiges, il possède la capacité de mémoriser des quantités phénoménales de résultats de calculs qui peuvent lui être utiles dans ses démonstrations. De plus, il est capable d'élaborer des algorithmes particuliers afin de réduire les temps de calculs.

Ainsi l'extraction de la racine treizième d'un nombre de 200 chiffres a été effectuée en 8 minutes et 33 secondes de calcul mental. Le résultat est un nombre comportant 16 chiffres, c'est-à-dire de l'ordre de dix millions de milliards.

Je vais vous proposer de bien plus modestes performances, limitées à des racines cubiques, cinquièmes et treizièmes comportant seulement deux chiffres. On est donc loin d'un calculateur prodige mais vous pouvez cependant faire illusion le temps d'une soirée.

Jacques Inaudi, calculateur prodige

Jacques Inaudi naquit dans le Piémont en 1867. Ses parents étaient très pauvres et ils partirent pour la France, comme nombre d'Italiens, afin de gagner leur vie. Ils quêtaient dans les rues en faisant danser une marmotte sur la place des villages qu'ils traversaient.

Très jeune, Inaudi avait montré des talents de calculateur prodige. Embauché à Marseille au café de la Bourse en qualité de groom, il devint rapidement la curiosité des clients qui avaient eu vent de ses talents extraordinaires.

En 1880, alors qu'Inaudi avait treize ans, un représentant en droguerie, Dombey, s'intéressa à lui et le conduisit à Paris pour le faire examiner par un célèbre physiologiste de l'époque, le docteur Broca. Ce dernier dissuada Dombey de faire étudier l'enfant alors que celui-ci en avait l'intention, émerveillé des talents calculatoires de son protégé. Suivant les conseils du docteur Broca, Dombey décida alors d'entreprendre une série de tournées à travers la France pour montrer les talents de l'enfant prodige.

Ses débuts eurent lieu à Paris où Camille Flammarion présenta Inaudi à un parterre de savants et de curieux réunis pour la circonstance. Flammarion s'intéressa beaucoup au jeune enfant qui se trouva ainsi lancé, consacré par Paris. Cela lui permit de faire une brillante tournée en province d'autant qu'il avait aussitôt obtenu un succès considérable aux Folies Bergères, en juillet 1880.

Sa vie durant, Inaudi présenta des séances de calculs extraordinaires, tout au moins pour l'époque. De nos jours, le public serait rapidement blasé. De 1880 jusque dans les années 1930, Inaudi parcourut la planète en présentant des numéros de calculs astronomiques.

Jacques Inaudi était une énigme vivante disait la publicité. C'était vrai. De grands savants, comme Henri Poincaré, l'interrogèrent et tous furent émerveillés par ses prodigieuses aptitudes calculatoires. Il venait à bout de tous les problèmes par des opérations purement mentales, sans le secours de l'écriture et de la lecture. Il apprit tardivement à lire et à écrire au cours de sa vingtième année.

Jacques Inaudi au cours d'une séance de démonstration

Inaudi élevait au carré des nombres de quatre chiffres, procédait à l'extraction de la racine cubique d'un nombre de 9 chiffres et de la racine cinquième d'un nombre de 12 chiffres, tout cela en un temps record de quelques minutes. En outre, Inaudi calculait tout en continuant une conversation avec le public. Il tournait le dos au tableau noir sur lequel étaient inscrites les données des problèmes qu'il avait à résoudre. Il lui arrivait également d'exécuter ses prouesses calculatoires en jouant un air de flûte.

La technique utilisée par Inaudi pour extraire des racines était très simple. Ainsi qu'il le dit lui-même : « Pour les racines cubiques ou carrées à extraire, c'est bien simple. Je cherche le nombre qui est le plus près du nombre donné et j'élimine ceux qui ne vont pas. »

Doué d'une puissance de calcul lui permettant de faire rapidement d'innombrables multiplications, Inaudi se contentait de procéder par approximations successives pour extraire des racines. En fait, il connaissait par cœur d'innombrables produits qui lui permettaient de calculer plus rapidement. Les techniques que nous allons voir procèdent en partie de cette méthode.

Racines cubiques

Nous nous limiterons à l'extraction, soit disant par le calcul mental, des racines cubiques de nombres inférieurs à 1 000 000 = 100 x 100 x 100.

Ce que voient et entendent les spectateurs

Le magicien peut rappeler quelques histoires sur les calculateurs prodiges. Sans prétendre être lui-même capable de faire des calculs aussi prodigieux, le magicien peut raconter qu'il s'est entraîner à l'extraction des racines cubiques.

Il demande à un spectateur volontaire, « sachant calculer », d'élever au cube un nombre entier compris entre 1 et 100, en lui demandant de le faire mentalement. Puis il lui prête une calculette et le spectateur annonce un chiffre.

Prenant une ardoise ou un autre support pour écrire, le magicien fait semblant de faire quelques efforts mentaux et écrit la racine cubique choisie par le spectateur.

Matériel nécessaire et préparation

Le matériel nécessaire est simple :

1. Une calculette pour permettre à un spectateur d'élever au cube un nombre inférieur à 100.

2. Une ardoise ou un support quelconque pour écrire.

3. La table des cubes de 1 à 9. Vous pouvez l'apprendre par cœur ou bien noter cette table sur le support d'écriture que vous tenez en main. Elle peut, par exemple, être discrètement inscrite sur le cadre de votre ardoise où elle sera invisible pour le public.

Chiffres :	1	2	3	4	5	6	7	8	9	10
Cubes :	1	8	27	64	125	216	343	512	729	1000

Le travail caché du magicien

La racine cubique s'obtient en deux temps :

1 – Le chiffre donné par le spectateur étant inférieur à 1 000 000 ne comporte que 6 chiffres. Soit, par exemple, 658 503, que vous pouvez inscrire sur une face de l'ardoise. Le magicien consulte alors sa table des cubes ci-dessus.

Les trois premiers chiffres du nombre donné par le spectateur, 658, se situent entre le cube de 8 (512) et le cube de 9 (729). Vous retenez le chiffre inférieur, soit 8, comme premier chiffre de la racine cherchée.

2 – Considérez ensuite le dernier chiffre du nombre donné par le spectateur : c'est un 3. Vous reportant à votre table des cubes, vous voyez que seul le cube de 7 se termine par un trois. Le chiffre 7 est donc le deuxième chiffre de la racine cherchée.

Vous écrivez, après quelques simagrées, le nombre 87 et vous annoncez que la racine cubique de 658 503 est 87.

Le résultat est obtenu très rapidement et vous pouvez vous faire chronométrer pour augmenter l'effet.

Comment ça fonctionne ?

L'astuce pour obtenir cet effet est élémentaire. Vous pouvez en effet constater que les cubes des 9 premiers chiffres donnent des nombres qui se terminent tous par un chiffre différent, de 1 à 9. Le deuxième chiffre de la racine cherchée est donc immédiat.

Quant au premier chiffre, il est également évident à deviner. Par exemple, dans le cas considéré, le cube de 90 est égal à 729 000 et celui de 80 égal à 512 000. Le nombre donné 658 503 est donc le nombre inférieur à 729 000 et supérieur à 512 000 ; la racine cherchée est donc comprise entre 80 et 90. Ce petit exercice est intéressant car il montre le principe de calculs plus compliqués réalisés par les calculateurs prodiges qui ont une mémoire des chiffres absolument fabuleuse. Ils peuvent donc apprendre par cœur des quantités de résultats intermédiaires alors que le magicien moyen a déjà du mal à se rappeler la table des cubes des 9 premiers chiffres.

Racines cinquièmes

Après avoir montré vos capacités pour extraire une racine cubique, vous pouvez faire encore plus fort en extrayant une racine cinquième. La technique est pratiquement la même que précédemment.

Ce que voient et entendent les spectateurs

Le magicien demande à un spectateur d'élever à la puissance cinq un nombre de deux chiffres. On peut obtenir un nombre d'au moins quelques milliards. On a en effet $100^5 = 10\ 000\ 000\ 000$.

Pour cela, vous remettez à un spectateur une calculette ayant une puissance suffisante d'affichage. Il vous dicte le résultat que vous écrivez sur votre ardoise.

La racine cinquième est annoncée rapidement.

Matériel nécessaire

1. Une calculette avec un affichage suffisant pour des nombres de dix chiffres.
2. Sur le cadre de votre ardoise, il suffit de noter la table suivante :

Chiffres :	1	2	3	4	5	6	7	8	9
Nombres :	0,1	3	24	102	312	777	1680	3276	5904

Le travail caché du magicien

Le spectateur dicte, par exemple, le nombre 4 704 270 176. Les deux chiffres cherchés sont obtenus en deux temps.

Pour avoir le premier chiffre de la racine cherchée, enlevez les 6 derniers chiffres du nombre annoncé par le spectateur. Dans l'exemple considéré, il reste le nombre 4 704. Regardez sur votre table. Le nombre 4 704 est compris entre 3 276 et 5 904. Vous retenez le plus petit chiffre, soit le 8 comme premier chiffre de la racine cherchée.

Le second chiffre cherché est le dernier chiffre du nombre dicté par le spectateur ; dans l'exemple, c'est le 6.

La racine cinquième cherchée est égale à 86

Comment ça fonctionne ?

La technique est aussi simple que pour les racines cubiques. En élevant à la puissance cinquième un chiffre de 0 à 9, on s'aperçoit que le dernier chiffre du nombre obtenu est toujours égal au chiffre de départ. Par exemple $7^5 = 16\ 807$; le dernier chiffre est bien un 7. Il en est donc toujours de même pour un nombre quelconque x élevé à la puissance cinquième : on obtient un nombre qui se termine toujours par le dernier chiffre de x.

L'obtention du premier chiffre de la racine cherchée est identique à celle de la racine cubique. Les nombres à consulter sur votre table cachée sont les premiers chiffres des puissances cinquièmes des dizaines comprises entre 10 et 100. Par exemple, $80^5 = 3\ 276,8$ millions ; en divisant par un million, il reste 3 276,8 ; le chiffre 8 après la virgule est sans intérêt et on ne l'a pas porté sur la table. De même, $90^5 = 5\ 904,9$ millions.

Revenons à l'exemple du nombre 4 704 270 176 donné par le spectateur. Le chiffre 4 704, 270 176 millions est situé entre 80^5 et 90^5. La racine cherchée est donc située entre 80 et 90.

Une excellente astuce pour cacher la table secrète est d'avoir une ardoise qui coulisse sur une petite distance à l'intérieur de son cadre. Dans une position, la table est cachée ; en faisant coulisser l'ardoise, une bande apparaît sur laquelle est inscrite la table.

Racines d'ordres plus élevés

La technique utilisée pour extraire des racines cubiques ou cinquième peut être généralisée à l'extraction de racines d'ordres plus élevés en se limitant à des nombres qui sont le résultat des puissances des nombres entiers de deux chiffres.

L'obtention de la racine cherchée comportera toujours deux astuces donnant chacune un des deux chiffres.

– Pour obtenir le deuxième chiffre cherché, il suffit de jeter un coup d'œil sur la petite table cachée. Celle-ci donne la correspondance entre le dernier chiffre du nombre annoncé par le spectateur et le deuxième chiffre de la racine cherchée.

Pour que cette astuce marche, il faut que tous les chiffres, de 1 à 9, élevés à la puissance choisie donnent 9 nombres qui se terminent tous par des chiffres différents. C'est le cas pour les puissances cubiques. Ce n'est pas le cas, par exemple, pour des carrés puisque $3^2 = 9$ et $7^2 = 49$. Ainsi, 63^2 et 87^2 donnent des nombres qui se terminent tous les deux par 9.

– Le premier chiffre de la racine est obtenu en supprimant un certain nombre de chiffres, en partant de la droite, du nombre donné par le spectateur. Lorsque cette suppression est effectuée, le nombre restant est comparé à ceux figurant sur la table secrète du magicien. Ce nombre restant se situe entre deux nombres de la table. Au-dessus du plus petit de ces deux nombres de la table, se trouve un chiffre qui correspondant au premier chiffre de la racine cherchée.

Le magicien obtient ainsi les deux chiffres du nombre cherché. Nous allons voir sur l'exemple d'une racine treizième la mise en œuvre de cette technique.

Racines treizièmes

Les puissances cubiques d'un nombre de deux chiffres sont inférieures à $100^3 = 1\ 000\ 000$, soit seulement un million. Être millionnaire est entré dans le langage courant. Il faut donc travailler avec des chiffres bien plus importants pour pouvoir encore impressionner le public.

Aussi je propose d'utiliser les puissances treizièmes de nombres à deux chiffres. Ce sont des nombres qui vont être inférieurs à :
$100^{13} = 100\ 000\ 000\ 000\ 000\ 000\ 000\ 000\ 000$.
Ces nombres comporteront donc au maximum 26 chiffres.

Ce que voient et entendent les spectateurs

Le magicien raconte quelques anecdotes sur les calculateurs prodiges. Il peut terminer en rappelant le record de l'étudiant en informatique qui a réussi à extraire mentalement la racine treizième d'un nombre de 200 chiffres ; cette racine comporte 16 chiffres qui ont été déterminés par le jeune calculateur prodige en 8 minutes et 33 secondes. Il annonce qu'il va lui aussi déterminer la racine treizième d'un très grand nombre.

Le magicien demande à un spectateur, « sachant faire des multiplications », de choisir un nombre de deux chiffres, entre 20 et 100, et de calculer sa puissance d'ordre treize. Il peut commencer par donner un crayon et un papier, et le spectateur se met au travail. Puis le magicien apporte un calculateur ou un ordinateur portable pour un travail plus rapide.

Il faut que le calculateur soit assez puissant et puisse afficher au moins vingt six chiffres. De plus, il faut qu'il possède la fonction d'élévation à une puissance quelconque.

Le magicien demande à trois spectateurs de tenir des ardoises assez grandes afin que le public voit bien le nombre qui va être annoncé. Les trois ardoises sont tenues en ligne face au public.

Lorsque la puissance treizième a été calculée, le magicien demande au spectateur qui vient d'effectuer le calcul, d'annoncer les chiffres obtenus en commençant par le dernier. Il inscrit les chiffres annoncés au fur et à mesure sur les ardoises en commençant naturellement par l'ardoise qui se trouve la plus à gauche en regardant le public.

Prenant une autre ardoise, qu'il montre des deux côtés au public, le magicien fait semblant de se concentrer. Il regarde intensément les chiffres inscrits sur les ardoises et demande le plus grand silence pour, soit disant, apprendre par cœur le nombre inscrit. Chacun peut inventer un jeu de scène pour augmenter le suspense. Il ne faut pas que le calcul paraisse trop facile. Puis, le magicien inscrit la racine treizième sur l'ardoise et l'annonce au public.

Matériel nécessaire et préparation

1. Un calculateur suffisamment puissant pour calculer au moins la puissance treizième de 99. Il faut également que le calculateur affiche tous les chiffres du nombre obtenu.

2. Trois ardoises qui peuvent être fabriquées avec des feuilles de contreplaqué peintes avec de la peinture spéciale pour tableau. Un morceau de craie blanche.

3. Une ardoise comportant un système coulissant qui permet de découvrir la table suivante :

Chiffres B	2	3	4	5
Nombres A	0,08	15	600	12 000

Chiffres B	6	7	8	9
Nombres A	130 000	900 000	5 000 000	25 000 000

Cette table peut tenir sur une ou deux lignes et donc être facilement dissimulée.

Le travail caché du magicien

Le magicien inscrit les chiffres annoncés par le spectateur en lui demandant de commencer par le dernier. Il note les chiffres en les groupant par paquets de trois. Il en inscrit ainsi 9 sur la première ardoise (la dernière située à gauche face au public) ; il fait de même pour les ardoises suivantes.

Prenons l'exemple de $78^{13} = 3\ 955\ 759\ 092\ 264\ 800\ 909\ 058\ 048$. Le magicien inscrit 909 058 048 sur la première ardoise ; 092 264 800 sur la seconde, et 3 955 759 sur la troisième. Mises bout à bout ces trois ardoises montrent un nombre impressionnant comportant 25 chiffres.

Obtention du chiffre des unités de la racine cherchée

Rien de plus simple. Le chiffre des unités de la racine cherchée est le même que le dernier chiffre du nombre annoncé par le spectateur et inscrit sur les ardoises.

Dans l'exemple ci-dessus, la racine cherchée est 78 et l'on voit que la puissance treizième de 78 se termine précisément par 8.

Obtention du chiffre des dizaines de la racine cherchée

Le magicien ne va s'occuper que de la troisième ardoise ; ce sont les premiers chiffres du nombre calculé par le spectateur qui figurent sur cette ardoise. Appelons A le nombre qui figure sur la troisième ardoise. Appelons B le chiffre des dizaines de la racine cherchée.

Le nombre A va avoir une valeur située entre deux nombres inscrits sur la table secrète. Dans l'exemple précédent, 78^{13}, le nombre inscrit sur la troisième ardoise est 3 955 759. Il est compris entre les nombres suivants de la table : 900 000 (7) et 5 000 000 (8). Le chiffre B cherché est égal à 7 ; il est inscrit au-dessus du plus petit des nombres qui encadrent le nombre A inscrit sur la troisième ardoise. Le chiffre des dizaines est donc 7 et celui des unités 8, la racine cherchée est donc égale à 78.

Si A est inférieur à 15 ou si aucun chiffre ne figure sur la troisième ardoise, alors $B = 2$, puisqu'on a demandé au spectateur de choisir un nombre situé entre 20 et 100.

Si A est supérieur à 25 000 000, et inférieur naturellement à 100 000 000, le chiffre B est égal à 9.

Comment ça fonctionne ?

L'exemple que nous avons donné montre la simplicité du principe de fonctionnement de cette « fantastique » extraction d'une racine treizième.

Les chiffres de 0 à 9, élevés à la puissance treize, se terminent tous par le chiffre de départ. Le chiffre des unités de la racine cherchée est donc obtenu instantanément. Cela peut être une faiblesse de la méthode mais, à part quelques rares spectateurs mathématiciens, personne n'en fera la remarque.

Les nombres inscrits sur la table secrète sont les nombres des dizaines élevés à la puissance 13, simplifiés de la manière suivante.

On a, par exemple : 70^{13} = 968 890 104 070 000 000 000 000. Afin d'avoir des nombres faciles à mémoriser, on n'a retenu que le nombre qui aurait été inscrit sur la troisième ardoise, à savoir 968 890, puis en le simplifiant de façon à conserver l'ordre de grandeur significatif, soit 900 000.

Cette simplification est satisfaisante car elle n'entraîne pas de risque d'erreur. On a en effet : 69^{13} = 803 596 764 671 634 487 466 709 ; le nombre inscrit sur la troisième ardoise serait 803 596, donc inférieur à 900 000. On obtient ainsi une table secrète que l'on peut aisément mémoriser.

Pour 78^{13}, le nombre inscrit sur la troisième ardoise est 3 955 759. Il se situe donc entre 900 000 qui représente, de manière simplifiée 70^{13}, et 5 000 000 qui représente 80^{13}. La racine cherchée se situe donc entre 70 et 79 ; il suffit de retenir 7 pour chiffre des dizaines.

Chapitre 7

Probabilités improbables

Comment améliorer la probabilité d'avoir un as de trèfle dans son jeu
Le tricheur à l'as de trèfle – Extrait d'une peinture de *Georges de La Tour* (1593-1652)

Magie, jeux de hasard et probabilités

Le magicien est un individu qui fait des choses impossibles, c'est-à-dire dont la probabilité est nulle. Si vous montrez que toutes les cartes d'un jeu ordinaire sont noires ou rouges, la probabilité pour qu'une personne tire une carte qui ne soit ni rouge ni noire est égale à zéro ; c'est une impossibilité. La probabilité pour que cette personne tire une carte rouge est égale au nombre total de cartes, 52 par exemple, divisé par le nombre de tirages positifs possibles, 26, correspondant au nombre de cartes rouges ; cette probabilité est égale à 52/26 = ½. Enfin, la probabilité de tirer une carte rouge ou une carte noire est égale à 1 ; c'est une certitude.

La probabilité mathématique d'un événement quelconque est toujours un nombre compris entre 0 et 1. Un événement impossible correspond à une probabilité égale à 0 ; un événement certain, une probabilité égale à 1.

Le calcul des probabilités est né de l'étude des jeux de hasard. Ce dernier mot vient de la langue arabe *az-zahr* qui signifie dé à jouer ; il s'est ensuite transformé en *azar* en espagnol au cours de l'occupation arabe de l'Espagne.

Ce furent Blaise Pascal (1623-1662) et le chevalier de Méré (1607-1684) qui introduisirent les premiers le quantitatif mathématique dans l'étude des jeux de hasard. Le comte de Buffon (1707-1788), naturaliste et écrivain, s'intéressa au calcul des probabilités, et fut le premier à avoir dressé des tables de mortalités.

Depuis le 17e siècle, de très nombreux mathématiciens ont apporté d'importantes contributions à la théorie des probabilités. Par exemple, le marquis de Laplace (1749-1827) consacra un tome entier de ses *Œuvres complètes* à la théorie des probabilités à laquelle il appliqua l'analyse mathématique. Carl Friedrich Gauss (1777-1855) est bien connu pour sa fameuse *courbe de Gauss* en forme de cloche qui donne la densité de probabilité d'une variable aléatoire. Plus près de nous, le mathématicien russe Andreï Kolmogorov (1903-1987) est le fondateur de la théorie axiomatique des probabilités et des processus markoviens ; ses travaux ont trouvé d'importantes applications.

Après s'être longtemps cantonné dans l'étude des jeux de hasard, le calcul des probabilités a en effet envahi une grande partie des sciences : physique, biologie, écologie, médecine, psychologie.

Les applications du calcul des probabilités se sont multipliées avec les méthodes relevant de la statistique. Ce furent d'abord les études démographiques, économiques et sociologiques qui bénéficièrent des avancées de la théorie des probabilités. Par la suite, les processus industriels, l'échantillonnage des produits, la théorie des décisions, le recherche opérationnelle, etc., utilisèrent les techniques statistiques.

Remarquons que la statistique se rapproche d'une certaine manière de la magie puisqu'on prétend qu'il y a trois formes de mensonge qui sont par ordre de gravité : le mensonge ordinaire — c'est celui que pratique le magicien — le parjure et le mensonge par la statistique.

Le magicien gagnera très probablement

Ce n'est pas vraiment un tour de magie mais une partie de cartes à laquelle le magicien a presque toutes les chances de gagner. Pour cela, il faut, comme cela a lieu pour les casinos de jeux, que la probabilité de gain du magicien soit plus grande que celle de son adversaire.

Ce que voient et entendent les spectateurs

Le magicien propose à un spectateur de jouer avec lui une partie de cartes. Il explique la règle du jeu qui est très simple : le spectateur choisit une combinaison de couleurs qu'il est possible de faire avec trois cartes différentes ; par exemple, la combinaison rouge, noir, rouge. Trois cartes correspondant à cette combinaison sont alors posées devant lui sur la table.

Le magicien choisit à son tour une combinaison, par exemple, rouge, rouge, noir. Il pose également devant lui trois cartes qui correspondent à cette combinaison. Le reste du jeu est alors mélangé par le spectateur qui peut le faire en regardant les faces du jeu qu'il brasse afin d'être sûr que le mélange qui en résulte est vraiment aléatoire. Le magicien fait un dernier mélange et donne le jeu au spectateur faces vers le bas. Il explique que le spectateur va retourner les cartes une à une sur la table. Lorsqu'une suite de trois cartes retournées sur la table correspond à la combinaison choisie par l'un des deux joueurs, celui qui a la bonne combinaison ramasse les cartes retournées, faisant ainsi un *pli*. Puis le même type de distribution des cartes reprend jusqu'au pli suivant. Lorsque toutes les cartes ont été retournées, le gagnant est celui qui a fait le plus de plis.

Afin de corser un peu la partie, le magicien propose un enjeu pour le gagnant. Il peu évidemment parier une petite somme d'argent mais, pour la première partie, il peut parier « le château en Espagne qu'il vient de bâtir » contre « l'héritage que touchera le spectateur de son oncle d'Amérique. »

Le spectateur retourne les cartes une à une sur la table. Supposons que la première séquence qui apparaît soit la suivante : rouge, noir, noir, noir, rouge, rouge, noir. C'est le magicien, qui a choisi la séquence rouge, rouge, noir, qui remporte le premier pli. La seconde séquence est : noir, noir, rouge, noir, rouge ; c'est le spectateur qui remporte le deuxième pli. Si les dernières cartes ne comportent pas de séquence correspondant à celle choisie par l'un des deux joueurs, ces cartes ne sont évidemment attribuées à personne. Celui qui a réalisé le plus grand nombre de plis est le gagnant. Pratiquement à chaque fois, mais pas avec une probabilité égale à l'unité, c'est le magicien qui gagne.

Pour montrer aux spectateurs qui regardent la partie que ce n'est pas simplement de la chance, le magicien propose de recommencer avec une autre combinaison de couleurs. Le spectateur peut choisir, par exemple, la combinaison avec laquelle le magicien vient de gagner ; ce dernier choisit une autre combinaison qui est aussi gagnante.

Le travail caché du magicien

Pour avoir une très forte probabilité de gagner, il faut que vous choisissiez une combinaison de trois couleurs qui a une probabilité plus grande de sortir de manière aléatoire que celle choisie par votre adversaire. La recette — trouvée dans l'ouvrage *Tours de cartes automatiques*, tome 9, de Richard Vollmer — est basée sur la combinaison choisie par votre adversaire. Il faut donc que ce soit lui qui choisisse le premier.

Votre choix est le suivant : la première carte de votre combinaison est de la couleur opposée à celle de la deuxième carte de la combinaison du spectateur. Les deux cartes suivantes de votre combinaison sont simplement de la même couleur que les deux premières cartes de votre adversaire. Vous n'avez pas à utiliser la couleur de la troisième carte qui figure dans le choix de votre adversaire.

Reprenons l'exemple précédent. Votre adversaire a choisi la combinaison : rouge, noir, rouge. La première carte de votre combinaison doit être de la couleur opposée à la couleur de la deuxième de celle de votre adversaire ; la sienne étant noir, la vôtre sera rouge. Puis vos deux cartes suivantes doivent être de la même couleur que la première et la deuxième de votre adversaire, donc vos cartes suivantes sont rouge et noire. Finalement, votre combinaison est : rouge, rouge, noir.

Il semble difficile de croire que la probabilité de sortie d'un jeu mélangé de la combinaison que vous avez choisie est plus grande que celle de votre adversaire. Même des mathématiciens pourront avoir du mal à le croire s'ils n'en connaissent pas la démonstration.

Un exemple simple permet cependant de se faire déjà une idée d'une telle probabilité. Si le spectateur choisit la combinaison : rouge, rouge, rouge, vous devez choisir, selon la règle précédente : noir, rouge, rouge. Intuitivement, on se doute bien que la probabilité de sortie de trois cartes consécutives d'une même couleur est moins grande que celle d'un mélange de deux couleurs. Votre combinaison aura en effet sept fois plus de chances de se produire que celle du spectateur.

Le dé invisible défie le hasard

L'exécution de ce joli tour est très simple et ne demande aucune technique particulière de manipulation des cartes. C'est essentiellement la présentation qui peut en faire un véritable miracle montrant que l'impossible devient probable entre les mains d'un illusionniste.

Ce que voient et entendent les spectateurs

Le magicien sort un jeu de 52 cartes de son étui et fait tirer une carte au hasard par un spectateur. Celui-ci regarde la carte, la mémorise et la montre aux autres spectateurs. Puis il glisse sa carte dans le jeu, à peu près vers le milieu, et égalise le jeu.

Sans faire aucune manipulation, le magicien forme six paquets de cartes sur une table. Pour ce faire, les six premières cartes sont prises sur le dessus du paquet une à une et sont déposées en une rangée de six cartes, puis les six cartes suivantes sont posées chacune à leur tour sur les cartes déjà étalées, etc. Le magicien forme ainsi six paquets de huit cartes. Il reste donc 4 cartes quelconques. Le magicien demande au spectateur si, par hasard, la carte qu'il a choisie se trouve parmi ces quatre. Le spectateur répond que sa carte n'est pas l'une de ces quatre.

Le magicien pose ensuite un petit dé sur chaque paquet de cartes afin de les numéroter. Pour cela, il met un dé dont la face supérieure montre successivement la suite des chiffres, 1, 2, 3, 4, 5, 6.

Cet étalement des cartes en six paquets étant un peu long, le magicien raconte en même temps quelques anecdotes. Il peut, par exemple, laisse entendre combien la puissance de l'esprit peut influencer le cours des événements. Le magicien annonce alors qu'il va faire retrouver la carte choisie grâce à l'influence psychique d'une personne sur l'autre.

Selon le magicien, c'est en effet le spectateur qui a choisi la carte qui va influencer le lancement d'un dé par un autre spectateur. Ce dé possède des propriétés magiques ; d'abord il est invisible et ensuite il peut être diriger par la puissance de la pensée. Le magicien « prend » sur la table un dé invisible et le pose dans la main tendue du spectateur qui a tiré la carte. Il le prie de donner ce dé à un autre spectateur de son choix et de penser fortement à sa carte. Ce dernier « lance » le dé invisible sur la table et « regarde » le chiffre indiqué par le dé invisible sur sa face supérieure ; il énonce alors un chiffre de 1 à 6, ce qui permet de désigner le paquet de 8 cartes correspondant à ce chiffre.

Le paquet ainsi désigné par le chiffre donné par le dé invisible est conservé. Les 5 autres sont ramassés et mis ensemble, formant un seul paquet. Le petit paquet restant de 8 cartes est étalé de nouveau, toujours faces vers le bas. Seules 6 cartes sont étalées côte à côte et les petits dés sont remis dessus, un sur chaque carte. Il reste 2 cartes non utilisées ; le magicien demande si la carte choisie ne se trouve pas par hasard parmi ces deux ce qui n'est pas le cas. Les deux cartes sont mises sur le paquet formé par les 46 cartes.

Nouvelles simagrées. Le dé invisible est remis à un troisième spectateur qui doit toujours penser fortement à la carte choisie. Il « regarde » le chiffre indiqué par le dé invisible, ce qui désigne une seule carte parmi les 6 qui sont étalées. Le magicien ramasse les 5 autres cartes et les pose sur le paquet. Puis il demande au spectateur qui a tiré la carte de dévoiler le nom de celle-ci.

Le magicien récapitule rapidement les phases du tour, insistant sur le fait que trois spectateurs ont participé aux différents choix de la carte et des chiffres ; que la probabilité de retrouver par hasard la carte est très faible et que, par conséquent, on doit se demander si ce n'est pas la puissance de la pensée qui peut avoir une influence sur le hasard. Le spectateur retourne ensuite la carte restante qui se trouve être précisément celle qu'il a tirée. Le magicien le félicite pour son pouvoir télépathique et télékinésique extraordinaire. Il demande d'applaudir ce spectateur pour ses dons exceptionnels.

Matériel nécessaire

1. Un jeu de 52 cartes dont 36 sont identiques, les 16 autres étant quelconques. Les cartes du jeu sont disposées dans l'ordre suivant, en partant du dessus, faces vers le bas : 12 cartes quelconques dessus le jeu, 36 cartes identiques placées dessous les 12, puis les 4 autres cartes quelconques sont dessous les 36 identiques.

2. Six petits dés. Ceux-ci peuvent être remplacés par 6 cartes portant respectivement les chiffres de 1 à 6.

Le travail caché du magicien

Un point essentiel du tour est de laisser croire aux spectateurs que le jeu utilisé est tout à fait normal. L'utilisation d'un nombre de cartes quelconques (12 au maximum) situées dans la partie supérieure du paquet pour un tour préalable est une façon indirecte de montrer que le jeu est normal. Un change de jeu est également possible après un autre tour. Bref, il ne faut pas faire ce tour du dé invisible de manière isolée.

C'est également le fait de montrer des cartes quelconques au cours du déroulement du tour qui doit persuader les spectateurs que votre jeu est normal.

Vous commencez par faire tirer l'une des 36 cartes identiques à un spectateur, ce qui est assez facile. Après avoir pris connaissance de sa carte et l'avoir montré aux autres spectateurs, il glisse sa carte au milieu du jeu et vous égalisez celui-ci. Puis 6 paquets de 8 cartes sont formés en prenant les cartes une à une à partir du dessus du paquet. Les 12 cartes quelconques se trouvent donc réparties 2 par 2 sous chacun des paquets de 8 cartes. Vous avez ainsi placé 48 cartes sur la table et il reste par conséquent 4 cartes quelconques. Vous demandez si, par hasard, la carte choisie ne se trouve pas parmi celles-ci. Ce n'est évidemment pas possible puisque ce sont précisément les 4 dernières cartes quelconques du paquet.

La suite du tour devient évidente et facile. Vous placez les petits dés sur les petits paquets en les numérotant dans l'ordre de 1 à 6. Vous faites « lancer » le dé invisible par un autre spectateur, ce qui montre l'impossibilité d'un compère. Le dé invisible désigne un petit paquet de 8 cartes. Vous enlevez les 5 autres paquets en montrant la carte inférieure et « par hasard » la suivante, puisque les deux dernières cartes inférieures des paquets sont des cartes quelconques. Attention à ne pas dévoiler les cartes suivantes.

Après avoir étalé de nouveau les 6 premières cartes du petit paquet désigné, il reste deux cartes quelconques qui sont de nouveau montrées en demandant si la carte tirée n'est pas une de celles-ci. La numérotation des cartes étalées est de nouveau mise en place à l'aide des petits dés.

Le dé invisible est lancé et désigne à présent une carte. Vous enlevez les 5 cartes non désignées. Puis, après avoir détailler les différentes phases du tour, vous faites dévoiler par le spectateur la carte ainsi choisie grâce à ses dons. Vous le faites applaudir car c'est le spectateur qui doit être directement valorisé et vous indirectement.

L'improbable séparation des couleurs

Ce tour demande une certaine maîtrise d'une manipulation consistant à mélanger les cartes par imbrication de deux paquets de cartes. C'est une technique assez simple et qui n'a pas besoin d'être absolument parfaite pour réussir le tour.

Ce que voient et entendent les spectateurs

Le magicien mélange les cartes de son jeu et le remet à un spectateur. Il demande à ce dernier de faire quatre petits paquets de cartes en distribuant au hasard les cartes une par une sur chacun des paquets. Le magicien commence la confection des paquets pour montrer comment procéder en insistant sur la distribution aléatoire des cartes.

Lorsque les quatre paquets sont constitués, le magicien en prend deux et mélange les cartes des deux petits paquets en les imbriquant. Il faut montrer aux spectateurs que les cartes sont bien mélangées entre elles. Puis le magicien fait de même avec les deux autres petits paquets. Lorsque les quatre petits paquets n'en forme plus que deux nouveaux, le magicien refait un mélange de ces deux derniers toujours par imbrication d'un paquet dans l'autre.

Le magicien regarde les cartes et enlève une carte rouge et une carte noire, et les montre aux spectateurs. Il pose chacune des deux cartes, faces visibles, sur une table.

Il retourne le jeu de cartes et compte 19 cartes en les prenant sur le dessus du jeu, faces vers le bas. Il pose ces 19 cartes sur la carte noire déjà posée sur la table. Puis, il compte 12 cartes et les pose en un petit paquet sur la table. Puis il pose les 19 cartes restantes sur la carte rouge posée sur la table.

Le magicien rappelle que les cartes ont été distribuées par un spectateur de manière aléatoire pour former les quatre paquets et que ces paquets ont été mélangés entre eux. La probabilité que des cartes soient assemblées entre elles selon certaines affinités est donc pratiquement nulle. Et pourtant…

Il étale les 19 cartes posées sur la carte noires et montre que ces 19 cartes sont toutes des cartes noires. Il retourne ensuite le paquet de 12 cartes et constate que le nombre de cartes noires et de cartes rouges est égal. Par conséquent le dernier paquet de cartes ne peut que comporter des cartes rouges ; c'est précisément le miracle que dévoile le magicien en étalant le troisième paquet de 19 cartes qui sont toutes rouges. La théorie des probabilités est complètement bafouée.

Matériel nécessaire

Un jeu de 52 cartes ordinaires. Le jeu est préparé en mettant ensembles toutes les cartes noires, par exemple sur le dessus du jeu, et toutes les cartes rouges en dessous.

Un jeu de cartes biseautées peut également être utilisé. Les cartes noires sont mises dans un sens et les rouges dans l'autre sens. Les cartes peuvent alors être dans un ordre quelconque et le jeu étalé faces visibles pour bien convaincre les spectateurs que le jeu est parfaitement mélangé. La séparation des noires et des rouges demande un certain entraînement.

Le travail caché du magicien

Supposons que les cartes noires soient sur le dessus d'un jeu qui est ordinaire. Vous pouvez commencer un mélange des cartes « à la française » en pelant les cartes noires et vous arrêter avant le milieu du jeu, puis en remettant les cartes rouges dessous le jeu. Ce faux mélange doit être fait de manière automatique, sans regarder le jeu, en racontant une histoire sur la séparation des couleurs.

Vous commencer par placer quatre cartes, dos visibles, sur une table. Puis vous distribuer, dans un ordre quelconque, une ou deux cartes sur celles déjà posées. Le spectateur fait alors de même de manière aléatoire mais en faisant en sorte que les paquets comportent le même nombre de cartes. Par conséquent, lorsque les quatre petits paquets sont terminés, chacun comporte nécessairement des cartes noires dessous et des cartes rouges dessus.

Le mélange des cartes par imbrication de deux petits paquets va laisser la majorité des cartes rouges dessus et la majorité des cartes noires dessous. Seules quelques cartes du milieu des paquets ne seront pas exactement mélangées et quelques cartes noires pourront être au-dessus de cartes rouges.

Lors du second mélange des deux paquets qui viennent d'être formés, le même processus aura lieu. Finalement vous avez en main un jeu avec la majorité des cartes rouges dessus le jeu et la majorité des cartes rouges sous le jeu.

Lorsque vous regardez les cartes, vous enlevez une carte rouge qui se trouve la plus extrême mélangée parmi les cartes noires, et vous la posez sur la table, face visible. Vous enlevez de même une carte noire qui se trouve la plus extrême parmi les rouges et vous la posez sur table, face visible.

Vous retournez le jeu et comptez 19 cartes, faces vers le bas, du dessus du jeu ; ce sont des cartes qui sont toutes rouges et vous les posez sur la carte rouge qui se trouve sur la table. Si vos mélanges par imbrication n'ont pas été trop « bordéliques », ces 19 cartes sont effectivement des cartes rouges.

Les 12 cartes suivantes sont plus ou moins mélangées mais comporte un même nombre de cartes rouges et noires. Enfin les 19 cartes suivantes sont nécessairement des cartes noires.

Vous rappelez la manière aléatoire dont les cartes ont été distribuées par le spectateur ainsi que les mélanges que vous avez effectués. Qui se rassemble s'assemble, concluez-vous ; ou rappelez la célèbre formule latine : *asinus asinum fricat*, « l'âne se frotte à l'âne », ainsi qu'aimait nous fustiger l'un de nos professeurs.

Intuition contre probabilité nulle

Lorsqu'une probabilité est vraiment proche de zéro, les spectateurs imaginent que ce sont les techniques du magicien qui ont permis de falsifier le hasard. Le tour suivant, qui aboutit également à la séparation des cartes rouges et noires, laisse à penser que c'est l'intuition féminine qui permet un tel miracle et non pas les prouesses du magicien. C'est tout l'art du « mentalisme » bien mis en scène. Ce tour peut naturellement être adapté au close-up.

Ce que voient et entendent les spectateurs

Sur scène, la participation d'un ou plusieurs spectateurs donne plus d'ampleur à un tour et assure un spectacle plus dynamique. Un seul spectateur bénévole serait nécessaire pour ce tour mais il est mieux de demander à trois personnes de venir vous aider sur scène.

Le magicien « mentaliste » demande à une dame et deux messieurs de venir sur scène. Il remet à la dame un jeu de cartes et lui demande de les mélanger. Les deux hommes sont priés de tendre leur main droite, à plat, paume vers le ciel. Le magicien leur précise qu'ils vont pouvoir vérifier de près le déroulement du tour en recevant sur leur main les cartes distribuées par la charmante dame qui est en train de mélanger le jeu.

Un foulard rouge est posé sur le bras tendu d'un des aides bénévoles, un foulard noir sur le bras de l'autre. La dame qui tient les cartes est alors invitée à distribuer, faces en bas naturellement, les cartes rouges sur la main du spectateur qui est désigné par le foulard rouge, et les cartes noires sur celui au foulard noir.

La dame ne connaît évidemment pas l'ordre des cartes et elle doit donc se fier à son intuition pour effectuer ce partage des cartes. Le magicien prétend qu'il a des pouvoirs occultes qui vont permettre de l'aider dans cette tâche apparemment impossible. Pendant l'opération de partage, le magicien s'éloigne de la dame et lui demande de temps à autre si elle désire changer d'avis lorsqu'elle va poser une carte sur une des mains tendues par les deux autres spectateurs. Afin que le tour ne soit pas trop lassant, lorsque la dame a distribué environ une vingtaine de cartes, le magicien lui demande d'arrêter.

Les cartes de chaque spectateur forment deux petits paquets qui sont retournés faces en haut et montrées au public. L'intuition féminine a triomphé de tous les obstacles : toutes les cartes posées dans la main d'un spectateur sont noires ; de même pour les cartes rouges.

Matériel nécessaire

1. Un jeu de cartes biseautées dans lequel vous avez orienté toutes la cartes noires dans un sens et toutes les rouges dans l'autre sens.

2. Un foulard rouge et un foulard noir. Ces foulards peuvent être remplacés par deux autres accessoires, l'un rouge, l'autre noir ; par exemple, deux chapeaux. En coiffant les spectateurs bénévoles avec des chapeaux originaux vous pouvez apporter une petite note d'humour.

Le travail caché du magicien

Le jeu de cartes truqué et préparé peut être confié à la dame en lui demandant de le mélanger. Vous reprenez le jeu et vous effectuez la séparation des noires et des rouges grâce au biseautage des cartes. Vous demandez à la dame de prendre un paquet de cartes d'un peu moins de la moitié du jeu, une vingtaine environ, afin de réaliser plus rapidement le tour. Puis vous lui demandez de mélanger encore une fois les cartes qu'elle vient de choisir.

La spectatrice a ainsi en main uniquement des cartes d'une même couleur, disons les noires, par exemple. Elle dépose donc dans les mains tendues des deux autres spectateurs montés sur scène uniquement des cartes noires.

Lorsque la séparation est terminée, les deux paquets de cartes ne comportent que des cartes noires. Il faut donc échanger secrètement l'un de ces paquets contre un autre comportant des cartes rouges.

Pendant que la spectatrice distribue les cartes dans les deux mains, comptez le nombre de cartes qu'elle pense être des cartes rouges, c'est-à-dire qu'elle dépose sur la main portant le foulard rouge. Supposons que vous teniez le reste du jeu en main gauche. Avec votre pouce, comptez secrètement à peu près un même nombre de cartes parmi celles qui se trouvent sous le reste du paquet et qui sont des cartes rouges. Puisque personne, sauf vous, ne compte le nombre de cartes mises par la spectatrice sur les mains, un nombre approximatif sera satisfaisant.

Tous les yeux du public sont braqués sur la spectatrice et ses deux acolytes qui sont sur la scène. Lorsque votre comptage est terminé, vous gardez un petit intervalle, avec le petit doigt de la main gauche, entre les cartes rouges que vous venez de compter et le reste du jeu

Placez-vous à côté du spectateur qui a le foulard rouge et adressez-vous à l'autre en lui demandant de ramasser les cartes qui se trouvent posées sur sa main tendue. « Vous les rassemblez comme cela », dites-vous, en prenant, avec votre main droite, les cartes noires qui sont plus ou moins étalées sur la main au foulard rouge.

Posez ensuite nonchalamment ces cartes noires sur le paquet que vous tenez en main gauche. Puis égalisez l'ensemble en maintenant la brisure faite par le petit doigt gauche. Ce faisant, vous devez regarder le second spectateur qui est en train de rassembler ses cartes noires et le féliciter pour son habileté. Lorsque vous avez ainsi rassemblé les cartes dans la main gauche, soulevez avec la main droite l'ensemble des cartes qui se trouvent au-dessus de la brisure, et mettez ces cartes dans votre poche. Il vous reste alors en main gauche le petit paquet de cartes rouges que vous avez comptées.

Ce change entre le paquet de cartes noires que vous avez récupéré sur la main du spectateur et celui de cartes rouges que vous avez comptées ne devrait pas passer inaperçu. Cependant personne ne le remarquera, malgré son caractère illogique, car ce change est effectué négligemment alors que le premier spectateur va commencer à montrer une à une la couleur des cartes de son paquet. Toute l'attention est en effet concentrée sur ce spectateur.

Vous remettez le paquet de cartes rouges au second spectateur avant que le premier n'ait terminé sa prestation. Puis vous priez le second de montrer la couleur de ses cartes au public. Vous félicitez naturellement la spectatrice pour son intuition et ses dons exceptionnels en demandant de l'applaudir chaleureusement.

Divertissements et curiosités délectables

Ainsi que le remarque Jean-Paul Delahaye dans un chapitre de son ouvrage *Les inattendus mathématiques* : « Notre vision du hasard est bien hasardeuse. » Parfois, on peut trouver qu'une certaine coïncidence est vraiment extraordinaire, qu'elle relève même de la magie, alors que la probabilité pour qu'elle ait lieu est très grande. Voyons deux exemples de ces coïncidences.

Le paradoxe des anniversaires

L'exemple classique des anniversaires montre que notre intuition n'est pas très efficace en ce qui concerne les probabilités. Nous croyons volontiers que certains évènements sont extraordinaires alors qu'ils sont normaux.

On peut vous poser la question suivante : « Est-il fréquent que deux personnes dans une assemblée de 30 invités aient le même jour d'anniversaire ? » Vous répondrez sans doute non ou que c'est assez rare. Vous pouvez penser qu'il y a 365 jours dans une année et 30 personnes à considérer, donc qu'on aura (30/365) chances, soit moins d'une chance sur dix pour que ce soit le cas.

Et pourtant, la probabilité pour que deux personnes aient le même jour anniversaire est très grande, très exactement 70,63 %. Il y a 7 chances sur 10 pour que cette coïncidence se produise.

Lorsqu'on a seulement 23 personnes réunies, la probabilité devient égale à 50,73 %. Il est donc plus probable qu'il y ait un anniversaire commun que le contraire. Avec 50 personnes, la probabilité est égale à 97,03 % ; autant dire que c'est presque une certitude.

Par contre si vous désirez savoir : « combien de personnes doivent être rassemblées pour qu'au moins l'une d'entre elles ait la même date d'anniversaire que vous », la question n'est pas du tout la même que la précédente, malgré une similitude apparente, et conduit à des probabilités très différentes. Il faut en effet 253 personnes pour que la probabilité soit égale à 50 %.

Il semble curieux et même paradoxal que le nombre de personnes présentes est relativement très faible pour qu'il y ait un anniversaire commun entre deux personnes quelconques. Ceci tient au fait que la première question posée est plus ou moins confondue avec la deuxième.

Combien de personnes possèdent le même nombre de cheveux ?

Le nombre de cheveux d'un homme est de l'ordre de 150 000, disons au maximum de 200 000. Par conséquent, dans une ville de 200 002 habitants, il y a deux personnes au moins qui ont le même nombre de cheveux sur la tête.

Le calcul montre que dans une foule de 2 000 personnes, la probabilité pour que deux d'entre elles possèdent le même nombre de cheveux est de 99,9955 %. Dans une salle de spectacle de 2 000 places, il est donc presque certain que deux personnes auront le même nombre de cheveux sur la tête lorsque la salle est pleine.

Il suffit d'ailleurs d'une réunion électorale de 527 personnes pour que la probabilité que deux électeurs aient le même nombre de cheveux dépasse les 50%. Avec 1 000 électeurs, on est à 91,78%.

L'aiguille du comte de Buffon

L'un des plus célèbres problèmes de probabilité que le comte de Buffon (1707-1788) proposa et résolut est celui de l'aiguille qu'on laisse tomber au hasard sur un plancher. Plus précisément, des droites parallèles étant tracées sur un plan, ces droites sont séparées d'une distance h. On jette au hasard sur ce plan une aiguille de longueur l, avec $l < h$, quelle est la probabilité pour que l'aiguille rencontre l'une de ces droites ?

Ce qui est extraordinaire dans ce problème, c'est que la probabilité de couper une droite est égale à $2l/\pi h$. Cette valeur montre que le nombre π peut être déterminé en notant le nombre de fois que l'aiguille coupe une droite lorsqu'on en laisse effectivement tomber une dans les conditions décrites ci-dessus. Puis on calcule la probabilité d'un très grand nombre d'expériences et on compare le résultat expérimental à la probabilité théorique ce qui donne la valeur approchée de π. Plus le nombre d'essais sera grand, plus on se rapprochera de la probabilité théorique et meilleure sera la précision sur la valeur du nombre π.

Chapitre 8

Arrangements avec le diable

Le jardin des délices terrestres (détail)
Peinture de *Jérôme Bosch* (1450-1516) – Musée du Prado, Madrid

Du vieux vin dans des bouteilles neuves

Les arrangements préalables de cartes dans un jeu sont certainement parmi les tours très anciens. Mais, ainsi que le dit *John Northern Hilliard* dans son traité *La prestidigitation du XXe siècle*, les principes de qualité se conservent au cours des siècles.

« Un livre, un poème, un tableau, doit être de premier ordre pour survivre. La chose dont vous devez vous souvenir n'est pas que les tours décrits dans ce chapitre sont vieux, mais que tout ce qui est de première qualité est bon, nouveau et aussi frais maintenant qu'à l'époque où ils ont été conçus.

Loin de moi la pensée d'exalter l'ancienne magie pour dénigrer la nouvelle. Je ne suis pas assez fossile pour cela. Mais je dois vous avouer que j'ai un réel penchant pour les vieux tours et les vieux livres. Mais en plus de l'attrayante patine de l'âge, ils ont une simplicité et une façon d'aller droit au but qui est le vrai art. On ne peut pas laisser tomber dans l'oubli des choses de qualité.

Ne parlons plus sentiment. Nous avons des raisons pratiques pour fourrager occasionnellement dans les vieux livres. Il est bon que même le plus jeune amateur prenne conscience des choses qui ont été faites en magie avant qu'il entre en scène. C'est troublant, mais salutaire, de découvrir que pendant qu'une forme est fluide mais toujours changeante, les idées qui sont derrière cette forme se déplacent plus lentement qu'une dérive glaciale. C'est seulement lorsqu'il connaît ce que les hommes de même métier ont fait dans le passé qu'il commence à apprécier combien sont modernes les vieilles choses. Connaissant cela, il ne regardera plus avec légèreté les antiquités de l'art, ni ne soulèvera plus ironiquement son sourcil devant le bric-à-brac magique plus ancien que le double empalmage.

[…] Le tour le plus en vogue dans ces dix dernières années a été la corde coupée et raccommodée.

Et, cependant, *Reginald S*cot, écrivant il y environ 350 ans, décrivait le même tour comme « non inférieur à l'importe quel tour si bien présenté. » Et dans le livre de Scot : *The Discoverie of Witchcraft*, vous trouverez expliqué le tour des quatre as, le chapelet de ma grand-mère, le nœud qui disparaît dans le mouchoir, et une douzaine d'autre tours qui, sous une forme ou sous une autre, sont encore au programme des magiciens les plus renommés de nos jours. Et vous devez comprendre que ces mystères, que Scot fut le premier à décrire en anglais, étaient déjà anciens à son époque. Quoique que cela ne soit pas très en rapport avec le sujet, il est intéressant de noter que le premier « débineur » des secrets magiques ressentit un remords de conscience, car il confesse : « Je suis navré qu'il m'échoit de dévoiler le secret de ces mystères, au détriment de ces pauvres gens qui en vivent. »

Il est vrai que le présent ouvrage divulgue des techniques qui pourraient rester secrètes, confiées seulement aux initiés. Mais ceci oblige les magiciens à inventer de nouvelles bouteilles pour faire déguster au public de vieux vins.

Vingt-cinq cartes s'arrangent entre elles

Ce tour des vingt-cinq cartes est basé sur un principe mathémagique bien connu. Il a été rénové en effectuant un arrangement secret des cartes avant le début du tour alors que ce classement était effectué durant son exécution. La manipulation des cartes qui en résultait donnait l'idée que le tour était basé sur un principe de permutations des cartes.

Ce que voient et entendent les spectateurs

Le magicien mélange un jeu de cartes puis distribue cinq cartes à cinq spectateurs que nous appellerons, dans l'ordre de distribution des cartes, *A, B, C, D, E*. Chaque spectateur choisit mentalement une carte parmi les cinq qui lui ont été remises.

Le magicien revient sur scène et prie un sixième spectateur de rassembler les cartes, puis de les mélanger. Il demande aux cinq spectateurs qui ont choisi mentalement des cartes de venir le rejoindre sur scène. Le sixième spectateur remet ensuite le paquet mélangé au magicien qui le pose sur le restant du jeu qu'il tient en main.

Le magicien prend cinq cartes sur le dessus du jeu ; il les éventaille et demande au spectateur *B* si la carte à laquelle il a pensé se trouve parmi celles-ci. Le spectateur *B* répond qu'il ne voit pas sa carte. Le magicien demande alors au spectateur *A* si sa carte se trouve parmi les cinq présentées ; *A* répond affirmativement. Les cinq groupes de cinq cartes sont montrés successivement aux cinq spectateurs qui ont participé chacun au choix d'une carte. Finalement, après quelques réponses négatives, chacun des cinq spectateurs a vu sa carte dans l'un des paquets de cinq cartes présentés par le magicien.

Après avoir demandé à chacun des cinq spectateurs de penser fortement à la carte qu'il a choisie, le magicien retire une carte de chacun des paquets de cinq. Il prie chaque spectateur de tendre la paume vers le haut et il pose dessus l'une des cartes qu'il vient de retirer parmi cinq cartes.

Le magicien demande au spectateur *A* de nommer à haute voix la carte à laquelle il a pensé, puis de retourner la carte qui est posée sur sa paume et de la montrer au public ; c'est effectivement la sienne. Le magicien fait de même pour les spectateurs suivants *B, C, D, E,* en accélérant le rythme des révélations.

Matériel nécessaire et préparation

1. Deux jeux de cartes.

Préparation
Vous choisissez 25 cartes quelconques dans un jeu de telle sorte qu'apparaissent les quatre familles ainsi que des valeurs quelconques. Ces cartes sont mélangées de façon aléatoire et forment le paquet n° 1.

Vous triez 25 cartes identiques aux précédentes dans le second jeu ; celles-ci forment le paquet n°2. Vous les classez dans le même ordre que celles du paquet n°1. Les deux paquets sont donc identiques.

Prenez le paquet n°2 et changez son ordre de classement selon la procédure suivante. Vous étalez sur une table les cinq premières cartes, faces en dessous, dans l'ordre de leur classement dans le paquet n°2. Vous continuez en posant sur chaque carte, toujours en suivant l'ordre du paquet, les cinq cartes suivantes, et ainsi de suite pour les 25 cartes. Vous obtenez cinq petits paquets de cinq cartes.

Vous rassemblez ces petits paquets en posant le premier paquet sur le deuxième, puis ces deux paquets sur le troisième, ces trois paquets sur le quatrième et enfin les quatre paquets sur le cinquième.

Dans ce nouveau classement du paquet n°2, la première carte à partir du dessus est une carte qui a été distribuée au spectateur *E*, c'est-à-dire lors de la distribution des cinq dernières cartes. La deuxième carte du paquet n°2 a été distribuée au spectateur *D*, lors de l'avant-dernière distribution ; etc.

Le paquet n°2 de 25 cartes est donc classé à présent selon un ordre différent du paquet n°1. Le paquet n°2 est alors mis *sous* le paquet n°1. Le jeu de 50 cartes est placé dans un étui prêt à l'emploi.

Le travail caché du magicien

Sortez le jeu de son étui et faites un faux mélange conservant l'ordre complet des cartes.

Vous allez vers les spectateurs et vous distribuez à cinq d'entre eux des petits paquets de cinq cartes provenant du paquet n°1 qui se trouve sur le dessus du jeu. Vous commencez la distribution en allant de la gauche du public vers la droite, par exemple. Appelons *A, B, C, D, E* les spectateurs qui ont reçu les cartes dans cet ordre. Vous devez impérativement vous rappeler l'ordre dans lequel vous avez effectué la distribution. Vous demandez aux cinq spectateurs de choisir mentalement une carte et d'y penser fortement.

Le sixième spectateur mélange les 25 cartes des cinq spectateurs *A, B, C, D, E*, et il vous remet le paquet mélangé. Vous le placez bien visiblement sur les 25 autres cartes (paquet n°2) qui se trouvent dans votre main mais vous insérez le petit doigt entre les deux paquets. Vous pouvez profiter de la mise en place des cinq spectateurs sur la scène pour intervertir les paquets n°1 et n°2, en faisant passer le passer n°2 sur le paquet n°1 mélangé. Un saut de coupe permet de faire rapidement cette inversion.

Vous prenez les cinq cartes du dessus du paquet n°2, vous les éventaillez et les présentez au spectateur *A* en lui demandant si la carte qu'il a pensée se trouve parmi les cinq. Supposons que *A* ne voit pas sa carte parmi les cinq. Vous passez alors au spectateur *B* ; si celui-ci répond que sa carte figure parmi les cinq, alors cette carte est la quatrième à partir du dessus.

Vous priez alors le spectateur *B* de se concentrer intensément sur la carte pensée et de vous la transmettre grâce à l'harmonie des ondes cérébrales que vous captez. Une certaine mise en scène peut ajouter une touche d'intensité dramatique à cette supposée transmission de pensée. Vous pouvez, par exemple, demander à *B* de tenir une ampoule magique qui soudain va s'éclairer et de fixer cette lumière. Une autre mise en scène consiste à faire tenir à chacun une bougie allumée de la main droite, de tendre la paume gauche à plat et de se concentrer sur la flamme de sa bougie.

Vous refermez le petit éventail de cinq cartes, puis vous l'ouvrez de nouveau en l'autre sens, et vous prenez la quatrième à partir du dessus du jeu. Vous demandez à *B* de tendre la paume de la main gauche à plat et vous y posez la carte pensée face vers le bas.

Vous procédez de même pour les quatre autres participants. Lorsque les cinq cartes ont été posées sur les paumes des cinq spectateurs, vous demandez au spectateur *A* de dévoiler sa carte à haute voix, de retourner la carte qui se trouve sur sa paume et de la montrer au public. Puisque le processus est identique pour chaque participant, il faut accélérer la révélation à partir du troisième.

Les cartes devinent ce que vous faites

Encore un tour dont le secret est vieux comme Hérode ou vieux comme « mes robes » disait ma grand-mère. La première amélioration date de 1890 et d'autres cartomanes l'ont progressivement modifié au cours du 20e siècle. C'est un tour à faire en petit comité.

Ce que voient et entendent les spectateurs

Le magicien mélange son jeu et prend un petit paquet de cartes qu'il pose sur une table. S'adressant à un spectateur, il lui demande de penser à un nombre entre 1 et 10. « Maintenant, vous allez transférez un nombre de cartes égal à celui que vous avez choisi, en prenant les cartes dessus le paquet et en les mettant dessous. » Le magicien montre comment le spectateur doit procéder en transférant trois cartes, en les comptant une par une, de dessus le paquet sous celui-ci. « De mon côté, je vais également penser à un nombre que je vous indiquerai par la suite. Ce nombre me sera transmis par votre pensée » ajoute-t-il.

Le magicien tourne le dos au spectateur qui transfère un certain nombre de cartes. Puis, lorsque le transfert est terminé, le magicien donne un chiffre et transfère, de dessus le jeu au-dessous, un nombre de cartes égal au chiffre annoncé. Il tient en main la dernière carte, face en bas, et demande au spectateur quel était le nombre de cartes qu'il a transférées. Il retourne lentement la carte tenue en main ; le nombre de points de la carte indique précisément le nombre de cartes transférées par le spectateur.

La même procédure est reprise avec un autre spectateur, puis un troisième. Trois répétitions de l'effet sont suffisantes pour montrer les pouvoirs de divination du magicien.

Matériel nécessaire et préparation

1. Un paquet de dix cartes comportant toutes les valeurs de l'as au dix, avec des couleurs quelconques.

Préparation
Les dix cartes sont classées de l'as au dix, l'as étant dessus le paquet et le dix dessous. Ces dix cartes sont posées sur le dessus du reste d'un jeu de 52 cartes.

Le travail caché du magicien

Vous prenez le jeu préparé et vous pouvez mélanger négligemment ce jeu, faces visibles, en pelant les cartes par petits paquets et en les plaçant alternativement devant et derrière le jeu. Vous conservez un dernier paquet comportant plus de dix cartes et vous le placez derrière le jeu mélangé. Ce mélange peut être refait plusieurs fois. Le paquet de dix cartes classées se trouve ainsi toujours sur le dessus du jeu lorsque les faces sont vers le bas.

Vous prenez facilement le paquet de dix cartes sur le dessus du jeu grâce à la carte courte, donc les spectateurs, ni vous en principe, ne savent pas combien de cartes se trouvent exactement dans le paquet.

Vous montrez au public comment il faut transférer les cartes de dessus le paquet au-dessous. Vous transférez 3 cartes (as, 2,3) et vous faites mentalement la différence entre 10 et 3, soit 7. Ce dernier chiffre est celui qui va vous servir par la suite.

Vous tournez le dos et priez le spectateur de penser à un chiffre, entre 1 et 10. Supposons que le spectateur choisisse le chiffre 5 ; il transfère 5 cartes du dessus du paquet sous celui-ci, soit les cartes ayant les valeurs suivantes : 4, 5, 6, 7, 8.

Vous affirmez que le spectateur vous a transmis inconsciemment le chiffre 7 et vous comptez 7 cartes à partir du dessus du jeu (9, 10, as, 2, 3, 4, 5). La septième a un nombre de points qui indique nécessairement le nombre de cartes transférées par le spectateur derrière votre dos. En effet, puisque vous avez transféré vous-même 3 cartes et que le spectateur en a transféré 5, il y a eu un transfert de 8 cartes. Il reste donc sur le jeu le 9 et le 10. En comptant 7 cartes, vous revenez automatiquement à la carte qui était en cinquième position dans le paquet d'origine, c'est-à-dire à la carte comportant 5 points.

Pour faire le tour une nouvelle fois, il suffit de placer le 5 sous le paquet. Vous savez que la carte sous le dessous du jeu est un 4. Le chiffre dont vous aurez besoin est donc : $10 - 4 = 6$. Dès à présent, vous pouvez annoncer que vous pensez au chiffre 6 et vous demandez à un autre spectateur de transférer un nombre quelconque de cartes de dessus le jeu au-dessous. Si le spectateur en transfère plus de 10, le calcul est toujours le même. En effet, après avoir transféré dix cartes, il revient à la disposition de départ ; seul compte le nombre de cartes au-delà de 10.

Les cartes devinent l'avenir

Le principe fondamental de ce tour est identique à celui du tour précédent mais on utilise à présent un jeu complet ce qui donne un effet différent.

Ce que voient et entendent les spectateurs

Le magicien mélange un jeu de cartes. Il demande à un spectateur de choisir mentalement un nombre entre 1 et 10 et de prendre sur le dessus du jeu un nombre de cartes égal à ce nombre pensé. Ce sont les cartes qui vont pressentir ce choix.

Il prie ensuite le spectateur de jeter sur la table, une par une, un certain nombre de cartes du dessus du jeu. Le spectateur retourne la dernière carte qu'il a jetée ; la valeur de cette carte est précisément égale au nombre mentalement choisi.

La divination par les cartes continue selon un processus identique. Une variante consiste à demander au spectateur suivant de jeter lentement les cartes sur la table. Le magicien dit « Stop » au moment où les ondes cérébrales du spectateur sont en accord de phase avec les siennes. La dernière carte est la bonne.

Matériel nécessaire et préparation

1. Un jeu de cartes.
2. Une carte courte ; c'est une carte dont vous avez enlevez une mince bande sur un côté.

Préparation
Vous enlevez du jeu de cartes les douze figures puis vous classez les quarante cartes restantes de la manière qui suit. Faites quatre paquets de dix cartes de familles quelconques mais comportant chacun les valeurs de l'as à dix ; les cartes de chacun de ces paquets sont classées dans l'ordre numérique, de 1 à 10, en partant du dessus du paquet, faces vers le bas. Superposez ces quatre paquets l'un sur l'autre, faces vers le bas. Vous obtenez un paquet de quarante cartes divisé en quatre parties, chaque partie classée en partant de l'as et se poursuivant

jusqu'au dix. Les familles devront être bien mélangées dans chacune des parties. Les cartes portant les figures sont placées dessous le paquet des quarante cartes. Enfin, une carte courte est placée sur le jeu.

Le travail caché du magicien

Vous commencez par faire un faux mélange qui laisse le jeu dans son état d'origine ou qui coupe simplement le jeu. Vous pouvez faire couper le jeu par un spectateur. Lorsqu'on vous rend le jeu, vous coupez de nouveau à la carte courte ce qui ramène le jeu à son état initial puis vous glissez la carte courte sous le jeu.

Vous priez un spectateur de choisir mentalement un nombre entre 1 et 10. Quand il a choisi un nombre, vous lui expliquez qu'il doit compter sur la table le nombre de cartes qu'il vient de choisir mentalement. Vous lui montrez comment faire en disant : « Supposons que le nombre que vous avez choisi soit égal à 3. » Vous comptez alors trois cartes en les jetant sur la table. Selon le même processus qu'au cours du tour décrit précédemment, vous déduisez 3 de 10, soit 7 ; c'est le chiffre qui va vous servir par la suite.

Ensuite, vous tournez le dos au spectateur et celui-ci compte un certain nombre de cartes, par exemple 5. Toujours le dos tourné, vous demandez au spectateur de compter pour vous un certain nombre de cartes. « Mettez une carte sur la table, puis une deuxième, trois quatre. Ajoutez-en une autre, puis une autre », dites-vous. C'est une manière astucieuse de faire poser 6 cartes sur la table par le spectateur sans lui dire d'en poser six.

Puisque votre nombre de cartes à compter est 7, vous dites alors, toujours le dos tourné : « Prenez à présent la carte qui se trouve sur le dessus du jeu et tenez-là en main, face vers le bas. Ne la regardez pas. Quel était le nombre que vous avez mentalement choisi ? » Le spectateur répond : « Cinq ». « Veuillez retourner la carte que vous avez en main » dites-vous. La carte est un 5.

Vous pouvez continuer la divination des nombres choisis par deux autres spectateurs. Puisque la carte retournée est un 5, le nombre suivant à retenir est : 10 – 5 = 5.

La suite du jeu peut être utilisée par un autre spectateur. Supposons qu'il jette 8 cartes ; ce sont les cartes suivantes qu'il va jeter : 6, 7, 8, 9, 10, as, 2, 3. Vous faites enlever 4 cartes par ce spectateur ; il enlève donc les cartes suivantes : 4,5,6,7. Vous lui demandez de retourner la carte qui suit ; c'est un 8 ce qui correspond au nombre qu'il a choisi mentalement. La même technique peut encore être employée une fois au maximum.

Le mélange en queue d'hirondelle

De nos jours les hirondelles se font rares et peu de gens connaissent la forme de leur queue. De plus, si vous parlez de la queue d'une aronde, plus personne ne vous suit. L'appellation « aronde » est en effet un nom ancien pour désigner l'hirondelle. Pourquoi rappeler ce vieux terme ? C'est qu'il existe un mélange des cartes appelé *mélange en queue d'aronde* qui est peu employé en France mais est banal dans les pays anglo-saxons.

Le mélange en queue d'aronde

Ce mélange s'effectue de la manière qui suit. Un jeu de cartes est divisé en deux paquets plus ou moins égaux ; ils sont placés l'un à côté de l'autre, puis imbriqués plus ou moins régulièrement l'un dans l'autre. Les cartes sont remises ensembles en terminant l'imbrication ce qui redonne le jeu mélangé.

L'imbrication des cartes peut se faire de diverses manières. La technique la plus simple se fait en tenant la moitié du jeu dans chaque main, en orientant obliquement chaque moitié l'une par rapport à l'autre et en imbriquant les coins des cartes l'une dans l'autre. Lorsque les cartes sont à moitié imbriquées, les deux moitiés de jeu forment ensembles une figure qui ressemble à une « une queue d'aronde » d'où le nom du mélange.

Une méthode équivalente et qui, pour les spectateurs, semble donner un mélange encore plus aléatoire consiste à couper le jeu en deux parties et à poser ces deux paquets sur la table, faces vers le bas. Le spectateur est prié de mélanger les cartes en prenant une, deux ou trois cartes d'un paquet et de poser dessus une, deux ou trois cartes prises dans l'autre paquet. Après avoir épuisé toutes ses cartes, le spectateur obtient un jeu qui est identique à celui qui aurait été obtenu par un mélange en queue d'aronde.

Les bonnes idées de Norman Gilbreath

Le magicien Norman Gilbreath a utilisé la propriété du mélange en queue d'aronde pour l'appliquer à divers arrangements des cartes d'un jeu. Sa première idée, publiée en 1966, fut la suivante :

« Un jeu de cartes est classé en alternant une à une les rouges et les noires. Il est coupé en deux paquets avec une carte noire sur la face d'un paquet et une carte rouge sur la face de l'autre. Lorsque ces deux paquets sont mélangés l'un dans l'autre par un mélange en queue d'aronde, alors les cartes consécutives du jeu restent toujours classées par paires composées chacune d'une carte rouge et d'une carte noire. »

Même lorsque des cartes d'un paquet sont insérées par deux ou trois entre deux autres de l'autre paquet, l'alternance noire/rouge se conserve ainsi que vous pouvez le vérifier vous-même. Le mélange en queue d'aronde n'a donc pas besoin d'être parfait. Dans la foulée, Gilbreath généralisa astucieusement son idée :

« Deux paquets comportant un même nombre de cartes sont classés en sens inverse l'un de l'autre. Lorsqu'ils seront mélangés par un mélange à la queue d'aronde, les deux moitiés du nouveau paquet ainsi constitué seront composées chacune des mêmes cartes que celles des séries d'origine mais dans un ordre différent. »

Ces deux idées furent développées par Gilbreath pour inventer de nouveaux tours avec arrangements et d'autres illusionnistes utilisèrent les mêmes idées de base pour inventer leurs propres tours. Pour plus de détails sur les tours issus de ces idées, lisez l'ouvrage de Richard Vollmer : *Le principe de Gilbreath*.

Un pari gagné d'avance

Comme pour tous les tours, l'utilisation d'un « principe de Gilbreath » est d'autant plus extraordinaire que sa présentation est talentueuse.

Ce que voient et entendent les spectateurs

Le magicien mélange un jeu de cartes et demande à un spectateur de couper autant de fois qu'il le désire ce jeu, en complétant à chaque fois la coupe avant de passer à la suivante. Le spectateur coupe ensuite le jeu en deux moitiés à peu près égales et retourne les cartes face en dessous.

Le magicien explique au spectateur qu'il va faire par la suite un pari avec lui. Pour cela il faut que les cartes possèdent certaines valeurs. Il propose que les cartes noires aient pour valeur un euro et les rouges deux euros.

Le jeu ayant été coupé en deux, le magicien mélange le jeu en queue d'aronde (ou propose au spectateur de faire un mélange équivalent ainsi que nous l'avons vu précédemment). Puis il demande au spectateur de distribuer le jeu en deux piles égales de 26 cartes en posant alternativement une carte par pile.

Le spectateur choisit un paquet, le retourne faces en haut, et forme des piles d'un nombre quelconque de cartes. Pour cela, il distribue ses cartes une à une sur chaque pile successive, faces en haut, en partant du dessus de son paquet. Il compte le nombre de cartes qu'il veut pour former ses piles.

Le spectateur prend maintenant l'autre paquet de 26 cartes et distribue les cartes, faces vers le bas, sur les piles déjà constituées. Il pose sur chaque pile le même nombre de cartes, tarots visibles, qu'il y en a déjà faces visibles. Lorsqu'il a épuisé ses cartes, le magicien rappelle que les cartes ont été particulièrement mélangées et que personne ne pouvait savoir l'ordre dans lesquelles elles se trouvaient.

Il propose alors au spectateur le pari suivant : « Les piles que vous avez constituées comporte des cartes noires et des cartes rouges bien mélangées. Si une pile comporte plus de cartes d'une couleur que d'une autre, nous ferons la différence entre ces deux nombres. Si ce sont les cartes noires qui sont en supplément, vous gagnerez un euro par carte supplémentaire ; si ce sont les rouges, vous gagnerez deux euros par carte supplémentaire.. Mais si le nombre de cartes noires est égal au nombre de cartes rouges dans un paquet, vous me donnerez 50 centimes pour ce paquet. »

Si le spectateur accepte le pari — il risque de perdre au maximum un nombre de pièces de 50 centimes égal au nombre de paquets — ou si, méfiant, il le refuse, vous montrez au public qu'il a bien fait de se méfier des paris fait avec un magicien. Chaque paquet comporte en effet un nombre égal de cartes noires et de cartes rouges.

Matériel nécessaire et préparation

1. Un jeu de 52 cartes.
Préparation
Le jeu est préparé en alternant les cartes noires et les cartes rouges.

Le travail caché du magicien

Le jeu préparé est sorti de son étui ou bien habilement échangé contre un autre jeu normal qui a servi précédemment. Si vous savez faire un mélange qui laisse intact le jeu mélangé vous pouvez le faire sinon faites le simplement couper une ou plusieurs fois par le spectateur volontaire. Ces coupes n'altèrent pas l'alternance des cartes rouges et noires.

Lorsque le spectateur coupe une dernière fois le jeu en deux moitiés à peu près égales et retourne le jeu faces en haut, il faut que l'une des faces d'une moitié soit rouge et l'autre noire. Puisque la coupe n'est pas faite nécessairement juste à la moitié, il peut se faire que les deux faces soient de même couleur. Si c'est le cas favorable, une rouge et une noire, vous pouvez continuer rapidement en expliquant la valeur des cartes : un euro les noires, deux euros les rouges.

Si ce n'est pas le cas, les deux cartes placées sur le dessus des moitiés, faces vers le haut, étant d'une même couleur, il faut impérativement rétablir les deux couleurs. Pour cela, vous prenez l'une des moitiés en main gauche en la retournant face vers le bas ; vous enlevez de la main droite la carte supérieure, face visible, de l'autre moitié et vous expliquez que cette carte à telle valeur en euro. Vous pouvez hésiter, demander si c'est suffisant et vous remettez cette carte sur le dessus du paquet tenu en main gauche.

Vous priez le spectateur de faire à présent un mélange des deux paquets de cartes selon la technique aboutissant à un mélange en queue d'aronde. Le jeu étant reconstitué, vous demandez au spectateur de faire deux paquets de 26 cartes en posant alternativement une carte par paquet.

Puis, le spectateur choisit un paquet de 26 cartes. Il est prié de former des petits tas de cartes d'un nombre quelconque en les prenant sur le paquet, faces visibles. Puis, lorsque son paquet est épuisé, il pose sur chaque tas, faces vers le bas, un nombre de cartes égal à celui des cartes formant déjà ce tas, faces vers le haut. Cette dernière opération peut éventuellement être faite par le magicien.

Vous rappelez alors les conditions dans lesquelles les cartes ont été mélangées par le spectateur et distribuées par lui. « Seul le hasard a donc présidé à la distribution des cartes dans chacun des tas » dites-vous. Cependant, comme vous aimez bien tenter le diable, vous pariez avec votre aide bénévole et également avec d'autres spectateurs sur le nombre de cartes noires et rouges dans chaque tas. Vous pouvez augmenter ou diminuer les enjeux, vous êtes sûr de gagner.

Deux jeux de cartes bien obéissants

Rappelons la deuxième idée astucieuse de Gilbreath qui consiste à classer deux paquets de mêmes cartes dans l'ordre inverse. Lorsque ces paquets seront mélangés par un mélange en queue d'aronde, les deux moitiés du nouveau paquet ainsi constitué seront composées chacune des mêmes cartes que celles des séries d'origine mais dans un ordre différent. Voici l'un des meilleurs tours que Gilbreath a tiré de cette idée.

Ce que voient et entendent les spectateurs

Le magicien prend deux jeux de 52 cartes, l'un à dos rouges, l'autre à dos bleus. Il les étale sur une table, face en haut, afin de montrer que les jeux sont bien mélangés. Puis les deux jeux sont mélangés ensembles, faces en haut, par un spectateur selon la technique équivalente à un mélange en queue d'aronde. Ce mélange peut être fait assez rapidement en prenant les cartes par petits paquets de quatre à cinq cartes.

« Le jeu est-il vraiment bien mélangé ? Ce n'est peut-être qu'une illusion ? » suggère le magicien. Le jeu formé par les 104 cartes est retourné faces en bas et étalé. Le magicien coupe le jeu en deux paquets égaux de 52 cartes. Ensuite, il compte les cartes rouges qui se trouvent dans l'un des paquets ; il trouve 26 cartes rouges. Il compte ensuite les cartes noires de l'autre paquet de 52 cartes et en trouve également 26.

Chaque paquet de 52 cartes comporte alors deux parties que le magicien montre faces vers le haut. Un paquet comporte donc 26 cartes rouges et le reste ; l'autre paquet comporte 26 cartes noires et le reste.

Le magicien semble étonné qu'il y ait juste la moitié de cartes d'une même couleur dans chacun des paquets. Il se demande si des cartes qui se trouvent dans un paquet se trouvent également dans l'autre. Il demande à un spectateur de nommer une carte quelconque. Il la trouve dans un paquet et, cherchant dans l'autre paquet, il trouve également cette même carte. Il permute alors les deux cartes trouvées.

Le magicien fait deux ou trois fois la même opération de recherche d'une carte quelconque puis de sa permutation d'un paquet dans l'autre. Les spectateurs commencent à se douter que chaque paquet de 52 cartes est en fait un jeu complet. Mais ils pensent sans doute que les dos des cartes sont mélangés.

Le magicien retourne alors les cartes face en bas et étale chaque paquet. Un étalement est composé uniquement de cartes dont les tarots sont rouges, tous les tarots de l'autre étalement sont bleus. Les cartes aux dos rouges forment un jeu complet, celles aux dos bleus également.

Matériel nécessaire et préparation

1. Quatre jeux de cartes, deux à dos rouges, deux à dos bleus.

Préparation

Formez deux paquets de 26 cartes noires en provenance de chacun des jeux à dos bleus. Mélangez les 26 cartes noires d'un jeu à dos bleus ; c'est le paquet appelé *N*. Prenez le deuxième paquet de 26 cartes noires à dos bleus et classez-le dans l'ordre inverse du paquet *N* ; vous obtenez le paquet noté *N'*.

Vous opérez de même pour les deux jeux de cartes à dos rouges. Formez deux paquets de 26 cartes rouges en provenance de chacun des jeux à dos rouges. Mélangez les 26 cartes rouges d'un jeu à dos rouges ; c'est le paquet appelé *R*. Prenez le deuxième paquet de 26 cartes rouges à dos rouges et classez-le dans l'ordre inverse du paquet *R*, vous obtenez le paquet noté *R'*.

Faites un mélange en queue d'aronde entre les paquets *N* et *R*. Vous obtenez un nouveau paquet de 52 cartes appelé jeu *NR*. Il faut que vous ayez quelques cartes à dos rouges sur le jeu *NR* ainsi que quelques cartes à dos bleus dessous.

Avec les deux autres paquets, *N'* et *R'*, formez un deuxième jeu de telle sorte que l'ensemble des 52 cartes soit classé dans l'ordre inverse du jeu *NR* ; on appelle jeu *N'R'* ces 52 cartes ainsi mélangées.

Puisque le jeu *NR* a quelques cartes à dos rouges sur le dessus, le jeu *N'R'* a quelques cartes à dos rouges dessous le jeu. De même, *N'R'* a quelques cartes à dos bleus dessus le jeu. Les deux jeux ont chacun des cartes rouges à dos rouges et des cartes noires à dos bleus.

Mettez dans un étui rouge le jeu *NR* ayant quelques cartes à dos rouges dessus. L'autre jeu *N'R'*, ayant quelques cartes à dos bleus dessus, est placé dans un étui bleu.

Le travail caché du magicien

Vous sortez de l'étui rouge le jeu *NR* dont le dos des cartes du dessus est rouges ; sortez ce jeu sans commentaire en laissant voir un ou deux dos rouges et vous le posez sur la table faces en haut. Faites de même pour le jeu *N'R'* en le sortant de l'étui bleu.

Les deux jeux sont mélangés par un spectateur par petits paquets, faces en haut. Vous pouvez également faire un mélange en queue d'aronde. Le paquet de 104 cartes est retourné faces en bas et étalé sur la table. Il semble évident que le paquet ainsi constitué comporte deux jeux parfaitement mélangés puisque les dos rouges et bleus montrent une alternance irrégulière. Par contre, chaque moitié du paquet est un jeu complet de 52 cartes toutes différentes mais le public l'ignore.

Coupez le paquet exactement au milieu. Pour cela, retournez le paquet faces en haut et regardez les cartes situées vers le milieu du paquet. Si vous trouvez deux cartes identiques côte à côte, celles-ci indiquent le milieu du paquet. Si vous trouvez une paire noire/rouge, par exemple (roi de pique/5 de cœur), dont la carte inférieure (5 de cœur) a une carte jumelle située au-dessus dans le paquet (dos vers le haut) et la carte supérieure (roi de pique) a une carte jumelle située en dessous dans le paquet, alors le milieu exact du jeu est situé entre le roi de pique et le 5 de cœur. Si le jeu est étalé de gauche à droite, on a, par exemple, la disposition suivante autour du milieu du paquet : …5 de cœur, 10 de trèfle, roi de pique, 5 de cœur, 9 de carreau, as de trèfle, roi de pique, …

Après avoir couper en deux le paquet, vous comptez 26 cartes noires dans une moitié et 26 cartes rouges dans l'autre. Vous séparez ainsi le paquet en quatre parties dont vous étalez les cartes faces en haut.

Pour les spectateurs, les deux jeux de cartes sont encore mélangés. En particulier les dos n'ont aucune raison logique d'être séparés puisqu'ils étaient mélangés lors de l'étalement vu de dos de l'ensemble du paquet. En réalité, ils sont séparés puisque toutes les cartes rouges ont des dos rouges et les noires des dos bleus. De plus les faces sont séparées grâce à l'arrangement inverse préalable et au mélange en queue d'aronde.

Vous demandez maintenant à un spectateur de nommer une carte au hasard et de la prendre parmi les cartes étalées (Les 26 noires et les 26 rouges triées). Vous cherchez parmi les autres cartes, la carte demandée par le spectateur. Puis vous échangez votre carte contre celle du spectateur et chaque carte est remise dans le paquet dont elle n'a pas été tirée ce qui donne l'illusion que les couleurs des dos sont encore un peu plus mélangées. Vous pouvez demander de nommer encore une ou deux cartes au hasard et vous les permutez selon la même technique. La découverte des cartes jumelles dans chaque partie étalée donne rapidement l'idée que les quatre paquets donnent deux jeux complets.

Finalement vous allez ramasser les quatre paquets dans l'ordre suivant. Regroupez les cartes rouges qui sont étalées le plus près de vous et prenez-les en main gauche. Regroupez de même les cartes noires et posez-les sur les cartes rouges tenues en main gauche. Reprenez ce jeu en main droite. Rassembler les autres cartes rouges en main gauche et posez le jeu tenu en main droite sur les cartes rouges tenues en main gauche. Retournez la main gauche de façon à avoir les cartes de la main gauche faces vers le bas ; les cartes noires sont dessous. Rassemblez le dernier paquet de cartes noires et glissez-le sous les cartes tenues en main gauche. Le public doit avoir l'impression que vous avez simplement ramassez les deux jeux. Cependant, toutes les cartes noires sont en dessous et les rouges dessus.

Laisser au public l'impression que vous avez réussi à rassembler les cartes de telle sorte qu'elles ont simplement former deux jeux complets. Les 104 cartes sont alors étalées sur la table faces en bas et le public découvre avec stupeur que les couleurs des dos des cartes sont également regroupées. Puis vous remettez chaque jeu dans l'étui correspondant à sa couleur.

E.M. La Care inv. et sculp. 1727

Chapitre 9

Combinaisons d'artifices

La magie sans combinaison ni artifice
Les quatre magiciennes — Gravure de *Albrecht Dürer* (1471-1528)

Démons et merveilles

Les trucages, les combines et les combinaisons utilisés par les illusionnistes ne datent pas de la dernière pluie pour nombre d'entre eux. Au cours des millénaires passés, l'homme a inventé des tas de trucs pour faire croire à ses semblables qu'il avait des pouvoirs magiques. Encore de nos jours, les voyants, astrologues et autres charlatans sont consultés par d'innombrables gogos qui croient aux pouvoirs d'individus qui vivent aux dépens de ceux qui les écoutent.

Au temps des pharaons, les prêtres et les magiciens étaient honorés par la société. Cependant, ils n'hésitaient pas à utiliser des techniques qui n'étaient autres que d'astucieux trucages pour affermir leur pouvoir. Un papyrus datant d'environ 2 500 ans avant notre ère décrit les prodiges d'un magicien qui, entre autres, redonnait vie à des animaux dont il venait de couper la tête. Or de nombreux spectacles de ce genre furent présentés, au cours du 19e siècle, où un animal ou un homme était « décapité » sur scène et se relevait peu après.

Dans les œuvres de *Héron l'Ancien*, vers la fin du premier siècle de notre ère, on trouve différentes descriptions de trucages dans les temples égyptiens. L'ouverture de la porte d'un temple est décrit et comporte un système fort ingénieux. Un foyer fait dilater l'air qui appuie sur un liquide, celui-ci passe dans un réservoir dont le poids entraîne une corde enroulée autour d'un axe, permettant d'ouvrir mystérieusement une porte.

Une poterie truquée (figures ci-dessous) datant du 4e siècle avant J.-C., est conservée au musée d'Amsterdam. La figure de droite montre l'intérieur du vase dans lequel on distingue une enveloppe interne. Ce vase permet de verser deux liquides différents dont l'écoulement est réglé par les doigts de la main qui tient le vase, obstruant ou dégageant des trous d'air pour permettre ou non la sortie d'un des deux liquides.

Les religions polythéistes ont généralement considéré la magie comme une activité bien intégrée dans le contexte social. Par contre, les religions monothéistes vont maudire les pratiquants de quelque genre de magie que ce soit en les considérant comme des sorciers investis par le Diable.

Classement d'un jeu de cartes

La connaissance par le magicien du classement complet des cartes dans un jeu est une méthode qui permet des effets mystérieux et, n'ayons pas peur de le dire, vraiment magiques. Mélanger un jeu de façon aléatoire et apprendre ensuite l'ordre dans lequel se trouvent ces cartes, en se souvenant en même temps de leur numéro de position dans le jeu, est un travail long et difficile. De plus, si vous n'utilisez pas souvent cette technique, vous oublierez rapidement ce classement.

De multiples astuces ont été utilisées pour alléger ce travail de mémoire. Nous proposons ci-dessous un classement basé sur quelques astuces mathématiques. De simples additions et soustractions permettent de calculer la position de n'importe quelle carte donnée et, inversement, de connaître la carte qui se trouve à une position donnée.

Tableau de classement

Le tableau suivant donne l'ordre dans lequel les cartes doivent être classées. Les cartes sont placées par séquences de quatre cartes selon l'ordre traditionnel : Pique – Cœur – Trèfle – Carreau, soit sous la forme mnémotechnique : Pi-cœur, Trè-car.

Pour chaque famille, « pique » par exemple, les cartes se suivent dans l'ordre des valeurs croissantes ; l'as est égal à 1 ; le valet : 11 ; la dame : 12 ; le roi : 13. Puisque le premier pique est un 8, l'ordre des cartes reprend à 1 après épuisement de la famille des piques lorsque le roi est placé.

Cette méthode de classement est inspirée de celle de Boris Wild mais son classement a l'inconvénient de rassembler ensemble vers le début du jeu trop de cartes basses et de grouper presque toutes les figures dans le dernier tiers du jeu.

1	8 de pique	18	7 de cœur	35	6 de trèfle
2	3 de cœur	19	2 de trèfle	36	9 de carreau
3	valet de trèfle	20	5 de carreau	37	4 de pique
4	as de carreau	21	roi de pique	38	dame de cœur
5	9 de pique	22	8 de cœur	39	7 de trèfle
6	4 de cœur	23	3 de trèfle	40	10 de carreau
7	dame de trèfle	24	6 de carreau	41	5 de pique
8	2 de carreau	25	as de pique	42	roi de cœur
9	10 de pique	26	9 de cœur	43	8 de trèfle
10	5 de cœur	27	4 de trèfle	44	valet de carreau
11	roi de trèfle	28	7 de carreau	45	6 de pique
12	3 de carreau	29	2 de pique	46	as de cœur
13	valet de pique	30	10 de cœur	47	9 de trèfle
14	6 de cœur	31	5 de trèfle	48	dame de carreau
15	as de trèfle	32	8 de carreau	49	7 de pique
16	4 de carreau	33	3 de pique	50	2 de cœur
17	dame de pique	34	valet de coeur	51	10 de trèfle
				52	roi de carreau

On remarque sur ce tableau que les cartes sont réparties de façon équilibrée dans le jeu. Il n'y a pas de répétition de séries de nombres qui se suivent d'une unité à chaque fois. Les figures sont largement réparties dans le jeu. Il est donc difficile de déterminer l'apparition de séquences sauf la répétition par quatre des familles de cartes.

Déterminez la position d'une carte donnée

Carreau — La position des cartes de carreau est la plus facile à déterminer. Il suffit de multiplier la valeur de la carte par 4 en donnant aux figures les valeurs rappelées précédemment. Ainsi la dame de carreau se trouve à la position : $12 \times 4 = 48$; on vérifie sur le tableau précédent que la dame de carreau occupe la 48e place.

Pique — Pour les autres familles de cartes, le calcul est un peu plus long. La première étape est identique, pour toutes les familles de cartes. Prenons le cas du 9 de pique. Vous multipliez en premier lieu sa valeur par 4, soit : $9 \times 4 = 36$. Ensuite, il faut soustraire du nombre obtenu par la multiplication précédente, le nombre 31 ; ce nombre est le même pour tous les piques. On a donc : $36 - 31 = 5$. On vérifie que le 9 de pique se trouve bien classé en cinquième position.

Un calcul supplémentaire est nécessaire lorsque le nombre trouvé en effectuant la soustraction est négatif. Il faut ajouter 52 au nombre négatif obtenu et donc faire une soustraction. Ce processus est valable pour les trois familles : pique, cœur, trèfle.

Voyons le cas de l'as de pique, par exemple. La multiplication par 4 donne : $1 \times 4 = 4$; pour enlever 31 on fait la soustraction : $4 - 31 = -27$; on obtient un nombre négatif. Il faut alors ajouter 52 au nombre négatif obtenu, soit : $52 - 27 = 25$. L'as de pique est bien en 25e position.

Cœur — Pour les cœurs, le nombre à enlever au produit de la multiplication est égal à 10.

Considérons le cas du valet de cœur. La multiplication donne : 11 x 4 = 44. Enlevez 10 à ce produit, soit : 44 – 10 = 34. Ce nombre est positif et le valet de cœur se trouve à la position 34.

Par contre, pour l'as et le 2 de cœur, on va obtenir des nombres négatifs. Le 2 de cœur donne : 2 x 4 = 8 ; la soustraction suivante : 8 – 10 = –2. Il faut donc soustraire ce dernier chiffre de 52, soit : 52 – 2 = 50. Le 2 de cœur est en 50e position.

Trèfle — Pour la famille des trèfles, le nombre à ôter au produit de la multiplication est égal à 41.

Considérons l'exemple de la dame de trèfle. On a : 12 x 4 = 48 ; enlevons 41 à ce produit : 48 – 41 = 7. La dame de trèfle est bien en 7e position.

Pour les autres trèfles inférieurs au valet, les nombres seront négatifs. Le 8 de trèfle conduit aux valeurs suivantes : 8 x 4 = 32 ; puis 32 – 41 = –9. En ajoutant 52, il vient : 52 – 9 = 43. Le 8 de trèfle est en 43e position.

Quatre nombres à se rappeler — Finalement il faut seulement se rappeler les quatre nombres relatifs aux familles.

Pique : 31 ; Cœur : 10 ; Trèfle : 41 ; Carreau : 0.

L'acquisition du mode de calcul est rapide et ne demande qu'une multiplication par 4, puis une ou deux soustractions.

Lorsqu'un jeu est classé et que son ordre est mémorisé d'une façon ou d'une autre, on dit que le jeu forme un *chapelet*.

Incroyable intuition

Le tour suivant demande un travail certain pour être capable de le réaliser avec élégance et décontraction. C'est un tour de table à présenter en petit groupe mais le résultat du tour semble tellement incroyable qu'il vaut la peine de le maîtriser. Un jeu normal en chapelet est nécessaire.

Ce que voient et entendent les spectateurs

Le magicien met un jeu de 52 cartes dans un étui et le pose bien en vue sur la table. Il demande à un spectateur de nommer une carte quelconque. Il fait inscrire le nom de cette carte sur une ardoise ou sur la page d'un calepin.

Il s'adresse alors à un autre spectateur, de préférence une femme, car « c'est l'intuition féminine » qui va peut être permettre de réaliser ce tour. Le magicien « étale » fictivement, faces « visibles », un jeu invisible sur la table. Il demande à la spectatrice de fermer les yeux, de se concentrer fortement sur la carte choisie et de lui indiquer un nombre quelconque qui est peut-être, si son intuition est bonne, la place occupée dans le jeu par la carte choisie.

Le magicien reprend l'ardoise sur laquelle le premier spectateur a inscrit son choix. Il demande à la spectatrice son prénom et l'inscrit sur l'ardoise ainsi que le nombre donnant la position choisie.

Très visiblement, le magicien sort le jeu de son étui et compte le nombre de cartes indiqué par la spectatrice. La carte se trouve bien à la position choisie.

Matériel nécessaire et préparation

1. Un jeu normal en chapelet.

2. Une carte double tarot que vous pouvez fabriquer en collant deux cartes face contre face.

3. Une ardoise, un calepin ou une feuille de papier. Les instruments adéquats pour écrire.

4. Préparation du jeu dans l'étui — Le jeu est classé en chapelet selon la méthode indiqué ci-dessus. Séparez le jeu en deux parties égales. Retournez la moitié inférieure faces en haut sous la moitié supérieure faces en bas. Les deux moitiés du jeu en chapelet sont donc mises face à face. Insérez la carte double tarot exactement entre les deux moitiés du jeu.

Même si vous enlevez, une à une, 26 cartes du jeu tarot visible, la carte suivante sera toujours vue de dos.

Placez le jeu ainsi préparé dans l'étui en vous rappelant quelle moitié du jeu se trouve placée au-dessus. Pour cela vous pouvez, par exemple, faire un repère bien net sur une face de l'étui et placer toujours la moitié supérieure du jeu contre cette face de l'étui.

Le travail caché du magicien

Dès l'énoncé de la carte choisie par le premier spectateur, vous calculez sa position dans le chapelet. Le temps nécessaire pour faire ce calcul vous est donné lors de l'inscription de cette carte sur une ardoise. Vous pouvez même demander au spectateur de dessiner sa carte ce qui sera un peu plus long ; ce dessin devrait permettre, dites-vous, une transmission de pensée plus efficace à la spectatrice.

Afin de ne pas oublier le nombre que vous venez de calculer mentalement, donnant la position de la carte choisie, vous pouvez l'inscrire sur l'ardoise lorsque le spectateur vous la redonne, en même temps que vous inscrivez le prénom de la spectatrice.

Limites de la position donnée par la spectatrice — Le choix du nombre donné par la spectatrice ne peut pas être totalement libre. Supposons en effet que la carte choisie soit en dixième position. Le nombre donné par la spectatrice ne doit pas être inférieur à dix car en comptant les cartes il faudrait en avoir enlevé au préalable un certain nombre. Il y a donc une limite inférieure à déterminer dans le choix du nombre donné par la spectatrice.

De plus, une limite supérieure s'impose également. Celle-ci ne peut être égale qu'au nombre maximum de cartes que l'on peut compter afin d'aboutir à la carte choisie. Nous allons voir que ces limites dépendent de la position de la carte à partir du dessus du jeu.

La carte choisie occupe une position de 1 et 26 — Dans ce cas, la carte se trouve dans la première moitié du jeu à partir du dessus. Il faut que le nombre choisi par la spectatrice ne soit pas trop grand afin de pouvoir compter un nombre de cartes qui va de la position x de la carte choisie à un nombre $(x + 26)$. Pour cela, il faudra tout d'abord compter une partie des 26 cartes du dessous du jeu, et, après avoir retourner le jeu, compter le nombre x de cartes. Le nombre donné par la spectatrice doit donc être compris dans cette fourchette de nombres : de x à $(x + 26)$.

Afin d'inciter la spectatrice à choisir un nombre compris dans ces limites vous lui dites qu'il ne faut pas « placer » la carte dans une position trop éloignée afin d'éviter un comptage un peu trop long. Et vous indiquez à la spectatrice les limites permises, de x à $(x + 26)$.

Afin de bien comprendre le processus, considérons le cas du 6 de cœur. Le calcul pour déterminer sa position est le suivant : $6 \times 4 = 24$; $24 - 10 = 14$. Le 6 de cœur est en position $x = 14$. La limite supérieure est donc $14 + 26 = 40$. Vous demandez à la spectatrice de choisir entre 15 et 40, en faisant semblant d'hésiter. Lorsque la spectatrice a donné son nombre, par exemple 28, vous soustrayez la position de la carte de ce nombre, soit : $28 - 14 = 14$. Il faudra alors compter 14 cartes dans la moitié inférieure du jeu, puis ensuite compter 14 cartes dans la moitié supérieure. Il faudra donc à un certain moment que vous retourniez le jeu. Ainsi vous trouvez bien la carte choisie à la position choisie.

La carte choisie occupe une position de 27 à 52 — Dans la partie inférieure du jeu placé dans l'étui et comportant les cartes retournées, les cartes qui se trouvaient à une position supérieure à 26, appelons x cette position, vont se trouver en position égale à $(x - 26)$ à partir du dessous du jeu.

Par exemple, la dame de cœur qui se trouve en position 38, arrive à une position égale à : $38 - 26 = 12$. La dame de cœur se trouve donc en 12e position à partir du dessous du jeu. Vous pouvez donc produire cette carte dans une position comprise entre 12 et 38. Pour cela il faudra retourner le jeu après avoir compté les 26 premières cartes du chapelet. Vous pouvez donc suggérer à la spectatrice de choisir un nombre compris entre 15 et 35.

Le retournement du jeu — Ce retournement ne sera pas nécessaire si, par hasard, la spectatrice choisit un nombre égal à la position d'une carte située dans la première moitié du chapelet.

En général, un retournement du jeu sera nécessaire. Pour effectuer cette manœuvre, il faut un détournement d'attention. Pour cela, vous commencez par compter, en les posant sur la table faces vers le bas, les cartes nécessaires avant le retournement.

Considérons le 6 de cœur qui, selon le choix de la spectatrice, doit arriver en 28e position alors qu'il se trouve en 14e position dans le chapelet. Il faut d'abord sortir le jeu de son étui avec les 26 cartes inférieures du chapelet sur le dessus ; la première carte est donc la 27e du chapelet. Vous comptez 14 cartes et vous vous arrêtez en vous adressant aux spectateurs, leur demandant s'ils croient que le 6 de cœur est déjà dans ce petit paquet. Vous avez envie de vérifier et vous ramassez avec la main droite, si le reste du jeu est en main gauche, les 14 cartes déjà sur la table. Pour aider la main droite à effectuer ce ramassage, la main gauche se retourne naturellement paume vers le bas et pose négligemment le jeu ainsi retourné sur la table. La main droite qui commence à ramasser les cartes jetées sur la table attire toute l'attention des spectateurs et la pose du jeu de la main gauche passe inaperçue.

Le chapelet ayant une certaine périodicité, PicœurTrècar, n'énoncez pas le nom des cartes que vous êtes en train de vérifier mais dite plutôt à chaque fois : « pas de 6 de cœur, toujours pas de 6 de cœur » en jetant les cartes assez rapidement. Un chapelet totalement apériodique est évidemment un avantage mais il nécessite une excellente mémoire et un bon entraînement.

Après avoir constaté que le 6 de cœur n'est pas dans le paquet de 14 cartes, vous continuez le comptage en prenant les premières cartes du chapelet qui se trouvent à présent sur le dessus du jeu. Vous les jetez sur la table faces vers le bas ; lorsque les quatre ou cinq dernières cartes restent à compter, vous ralentissez le rythme et vous retournez directement les dernières cartes en les nommant. Lorsque vous atteignez le 6 de cœur, vous ne le montrez pas directement mais vous regardez la carte sans manifester la moindre émotion. Puis, lorsque vous la retournez et la posez sur la table, vous paraissez soulagé et même étonné. Vous félicitez la spectatrice dont l'intuition a été capable de devinez la position exacte dans le jeu de la carte choisie par un autre spectateur.

Déterminez la carte qui en suit une autre

Le chapelet précédent permet également de déterminer l'identité de la carte qui en suit une autre que vous connaissez. La séquence PicoeurTrècar vous donne immédiatement la famille de la carte à identifier. Le calcul de la valeur de la carte est des plus aisé.

Non seulement les cartes du chapelet se suivent selon la formule PicoeurTrècar mais elles se suivent également par valeurs successives dans une famille donnée. Ainsi le 8 de pique est la carte n° 1 du chapelet, puis après les cartes des trois autres familles, on retrouve le 9 de pique qui est le n°5 du chapelet, etc. Il en est de même pour les cartes des autres familles.

L'écart entre les valeurs de deux cartes qui se suivent est donc toujours le même pour deux familles données. Ainsi entre le 8 de pique et la carte suivante, le 3 de cœur, la différence de leurs valeurs est égale à : $8 - 3 = 5$. Si vous connaissez le 8 de pique, vous savez que la valeur de la carte suivante est : $8 - 5 = 3$. Au lieu de soustraire 5, il est plus systématique d'ajouter 8 à la carte connue, 8 de pique, soit : $8 + 8 = 16$; ce dernier nombre étant plus grand que 13, il faut lui soustraire 13, soit : $16 - 13 = 3$. On obtient le 3 de cœur comme carte suivante.

Il en est de même jusqu'au roi de pique qui se trouve en position n° 21 ; la valeur de la carte suivante se calcule de la même manière, soit $13 + 8 = 21$; puis on fait la soustraction : $21 - 13 = 8$. La carte qui suit le roi de pique est le 8 de cœur. Le nombre 8 est une caractéristique du passage du pique au cœur.

La séquence des piques continue avec l'as en vingt-cinquième position. L'as vaut 1 ; l'addition avec le chiffre caractéristique donne : $1 + 8 = 9$, inférieur à 13.. La carte suivante est le 9 de cœur. On obtient des nombres inférieurs à 13 pour les cartes de pique suivantes : 2, 3, 4, et enfin 13 pour le 5 de pique.

Le passage du cœur au trèfle s'effectue en ajoutant 8 à la valeur de la carte de cœur. Par exemple, le 5 de cœur, en position n° 10, est suivi par une carte de valeur : 5 + 8 = 13. C'est donc le roi de trèfle qui se trouve en position n° 11.

À partir du 6 de cœur, en position n° 14, on obtient une valeur supérieure à 13, soit 6 + 8 = 14. Il faut alors déduire 13 de ces valeurs supérieures à 13. Dans le cas étudié, on a : 14 – 13 = 1 ; la carte suivante est donc l'as de trèfle, en position n° 15. Le chiffre 8 est une caractéristique du passage du cœur au trèfle.

Le passage du trèfle au carreau a pour chiffre caractéristique 3. Enfin le passage du carreau à pique a pour chiffre caractéristique 8.

Finalement, il faut se rappeler la séquence de nombres suivants à utiliser en fonction de la famille de la carte connue :

Pique : 8 ; Cœur : 8 ; Trèfle : 3 ; Carreau : 8.

Selon le nombre obtenu après avoir additionné (ou soustrait) le nombre caractéristique d'une famille, on obtient :

— soit un nombre inférieur à 13 ; dans ce cas le nombre calculé est exactement celui de la valeur de la carte suivante.

— soit un nombre supérieur à 13 ; dans ce cas, il faut soustraire 13 de ce nombre supérieur et la différence donne la valeur de la carte suivante.

Lecture de pensées

Le tour suivant, extrêmement simple, n'utilise que la méthode de détermination d'une carte qui en suit une autre connue. Il n'est pas besoin de calculer la position des cartes dans le chapelet. Les détails de la création et de la mise en œuvre de ce tour sont décrits par Barrie Richardson dans son remarquable ouvrage *Mental Magic*.

Ce que voient et entendent les spectateurs

Le magicien invite un ou de préférence plusieurs spectateurs à venir participer à un tour. Le magicien étale un jeu de 52 cartes sur une table. Il ramasse environ une dizaine de cartes dans l'étalement et prie les spectateurs volontaires de faire de même. « Prenez un petit paquet d'une dizaine de cartes environ » demande le magicien à chaque assistant.

« Maintenant, continue le magicien, vous allez choisir une carte, parmi celles que vous avez en main de manière parfaitement aléatoire. Vous coupez, comme moi, votre petit paquet de cartes et complétez la coupe en remettant les deux parties l'une sur l'autre. Tenez fermement vos cartes. »

Le magicien demande à l'un des spectateurs son prénom. Celui-ci se prénomme Jean, par exemple. Il lui demande ensuite s'il a des aptitudes pour la transmission de pensée. « Vous allez faire exactement comme moi pour être sûr que personne d'autre que vous ne peut connaître la carte que vous allez choisir. » Le magicien retourne alors son petit paquet, faces des cartes visibles par les spectateurs ; il place ce paquet à hauteur de ses yeux et retourne soigneusement la carte qui se trouve sur son paquet.

Après avoir montré la méthode, le magicien s'adresse à Jean : « Voilà, vous retournez très soigneusement la carte qui se trouve sur votre paquet de telle sorte que vraiment personne ne puisse voir votre carte. Rappelez-vous bien cette carte. Répétez mentalement son nom trois ou quatre fois en la regardant, puis retournez-la de nouveau et mélangez-la avec les autres. Mélangez vos cartes encore une fois. Pensez fortement à la carte que vous avez en mémoire. »

Le magicien touche alors légèrement le bras ou la paume de la main de Jean. La révélation de la carte pensée par le spectateur se fait alors d'une manière un peu mélodramatique. Le magicien a un air concentré, il hésite et parle d'abord de la couleur de la carte, il pense que c'est une figure mais il n'en est pas sûr et invite le spectateur à concentrer plus fortement son esprit sur sa carte.

Après avoir découvert la valeur de la carte, il hésite entre le pique et le trèfle s'il avait conclut que c'était une carte noire. Finalement, le magicien révèle totalement la carte qui lui a été transmise par la pensée. Il fait de même pour un ou deux autres spectateurs.

Matériel nécessaire et préparation

Un jeu de 52 cartes classées en chapelet.

Le travail caché du magicien

Si vous savez faire un faux mélange total du jeu, faites-le ou à défaut vous pouvez couper plusieurs fois le jeu, ce qui ne change pas l'ordre des cartes dans le chapelet. Par contre les numéros d'ordre des positions sont éventuellement changés mais ceci n'a aucune importance. Vous étalez ensuite le jeu faces en bas sur la table et demandez aux spectateurs volontaires de prendre un petit paquet de cartes. Veillez à ce qu'il n'y ait pas de mélange des cartes. Les paquets peuvent naturellement être choisis à n'importe quel endroit de l'étalement.

Lorsque vous demandez de couper les petits paquets afin de mettre sur le dessus du jeu une carte inconnue de manière totalement aléatoire, les cartes qui se trouvent alors sous chaque paquet permettent d'identifier les cartes du dessus. Ces cartes du dessus sont en effet les suivantes des cartes du dessous. Le chapelet va vous permettre de déterminer l'identité de chacune des cartes inconnues.

Lorsque le spectateur met son paquet devant son visage, en tenant le paquet verticalement, faces vers vous, vous prenez connaissance de la carte inférieure de son paquet ce qui vous donne directement la famille. Si vous voyez, par exemple, un carreau, la carte suivante est un pique.

Lorsque le spectateur tourne la carte supérieure et la regarde, vous pouvez commencer à calculer la valeur de la carte inconnue selon la méthode indiquée précédemment. Vous avez amplement le temps puisque vous demandez au spectateur de se concentrer et de penser fortement à sa carte.

Toute la valeur de ce tour est en grande partie dans la manière de jouer les devins lors de la révélation de chacune des cartes. Avec plusieurs spectateurs ou spectatrices, l'effet est renforcé puisqu'il élimine toute idée de compérage.

Prédiction avec des dominos

Les dominos sont peu utilisés dans les tours de mathémagique alors qu'ils peuvent conduire à des effets étonnants. Le tour suivant est simple à réaliser.

Ce que voient et entendent les spectateurs

Le magicien écrit une prédiction sur une feuille de papier, la plie et la met dans une enveloppe qu'il remet à un spectateur.

Le magicien sort des dominos d'une boîte en les versant sur une table. Il demande à un spectateur de former une rangée avec tous les dominos en les assemblant à la suite l'un de l'autre de la manière habituelle lorsqu'on joue aux dominos, c'est-à-dire en mettant en contact les nombres identiques de points figurant sur chaque domino. Lorsque tous les dominos sont en place, le spectateur annonce quels sont les nombres de points qui figurent aux deux extrémités de la rangée qu'il a formée.

Le magicien lui demande alors d'ouvrir l'enveloppe et de lire la prédiction écrite sur le papier. Les deux nombres prédits sont ceux figurant aux extrémités de la rangée de dominos.

Matériel nécessaire et préparation

1. Un jeu de dominos complet comportant 28 pièces.
2. Une boîte de rangement pour les dominos.
3. Une feuille de papier ; une enveloppe ; un stylo.

Préparation

Vous choisissez un domino qui va servir pour votre prédiction et vous vous rappelez les deux nombres de points du domino. Si vous avez peur de les oublier, inscrivez ces nombres discrètement quelque part. Il faut que les deux nombres de points soient différents ; le domino choisi ne doit pas être un double.

Vous enlevez ce domino de la boîte qui ne contient donc plus que 27 dominos.

Le travail caché du magicien

Vous écrivez sur la feuille de papier les deux nombres de points du domino qui ne figure pas avec les autres.

Lorsque vous ouvrez la boîte contenant les dominos, vous les renversez sur la table sans que quiconque remarque qu'il en manque un. L'arrangement des dominos sur la table conduira toujours automatiquement à avoir aux extrémités les deux nombres du domino manquant.

Cette particularité provient du fait que, quel que soit les arrangements intermédiaires réalisés pour un jeu complet de 28 pièces mis en une seule rangée, les nombres situés aux deux extrémités sont toujours les mêmes.

Si vous voulez recommencer le tour avec d'autres nombres, il faut subtiliser un autre domino et remettre parmi les autres le premier que vous avez utilisé.

Il manque une carte dans le jeu

Comme beaucoup de tour de mentalisme, celui-ci est facile à réaliser sur le plan technique. C'est donc la présentation qui permettra ou non d'intéresser le public, et de rendre le tour crédible. Pour faire de la « véritable » magie en mentalisme, il faut beaucoup réfléchir à la manière de présenter les tours.

Ce que voient et entendent les spectateurs

« Est-il possible de se projeter mentalement un court instant dans le futur ? Certaines personnes rapportent des histoires de prémonition qu'elles ont vécu et au cours desquelles elles ont vraiment soulever un coin du voile de l'avenir. C'est ce que j'ai essayé de faire. » Le magicien demande alors à un spectateur, appelons-le Paul, de venir sur scène car il pense que c'est peut-être cette personne qu'il a entrevue dans le futur.

Il demande également à un autre spectateur de distribuer cinq carrés de papier sur lesquels cinq spectateurs différents sont priés d'écrire le nom d'une carte quelconque sur le papier, puis de le plier. Les papiers sont rassemblés dans une petite boîte transparente et le spectateur Paul tire au hasard l'un des papiers. Il le déplie et il lit à haute voix le nom de la carte inscrite. Le magicien se trouve toujours éloigné et ne touche jamais à la boîte.

Le magicien invite ensuite le spectateur Paul à prendre une enveloppe qui se trouve dans une coupe posée sur une table. L'enveloppe est cachetée et le spectateur l'ouvre devant le public grâce à un coupe-papier qui se trouve également dans la coupe. À l'intérieur de l'enveloppe se trouve un jeu de cartes entouré de deux élastiques en croix.

Le spectateur Paul est invité à compter à haute voix les cartes du jeu tout en surveillant l'apparition de la carte désignée par le tirage. À la surprise de Paul et du public, le jeu ne comporte que 51 cartes, il en manque une et c'est celle qui a été tirée au sort parmi les choix des cinq spectateurs.

Le magicien, qui est resté parmi le public depuis le début des opérations, revient sur scène. Il demande à Paul de retirer de sa poche ce qu'il y a dedans. Paul trouve une carte qui est précisément celle qui manque dans le jeu.

Matériel nécessaire et préparation

1. Trois jeux de 52 cartes.

2. Des petites feuilles de papier ; de quoi écrire ; une boîte transparente en plastique ou une coupe quelconque.

2. Deux enveloppes ; deux coupe-papier ; des bracelets élastiques ; deux récipients différents.

3. Un système permettant de s'emparer secrètement d'une carte quelconque.

Préparation des jeux

Avec deux jeux de cartes ordinaires, vous préparez deux jeux de 51 cartes dans lesquels le spectateur ne trouvera certainement pas la carte choisie. Pour cela, différents montages sont possibles. Une méthode simple consiste à trier deux jeux de 52 cartes en séparant les cartes paires des cartes impaires dans certaines familles de cartes. Le tableau suivant donne la composition à obtenir.

Premier jeu		Deuxième jeu	
as de pique	2 de trèfle	2 de pique	as de trèfle
3 de pique	4 de trèfle	4 de pique	3 de trèfle
5 de pique	6 de trèfle	6 de pique	5 de trèfle
7 de pique	8 de trèfle	8 de pique	7 de trèfle
9 de pique	10 de trèfle	10 de pique	9 de trèfle
valet de pique	dame de trèfle	dame de pique	valet de trèfle
roi de pique	2 de carreau	2 de cœur	roi de trèfle
as de cœur	4 de carreau	4 de cœur	as de carreau
3 de coeur	6 de carreau	6 de cœur	3 de carreau
5 de cœur	8 de carreau	8 de cœur	5 de carreau
7 de cœur	10 de carreau	10 de cœur	7 de carreau
9 de cœur	dame de carreau	dame de coeur	9 de carreau
valet de coeur			valet de carreau
roi de cœur			roi de carreau
Ajouter les mêmes cartes mais en enlevant le roi de cœur. Obtient ainsi un jeu de 51 cartes.		Ajouter les mêmes cartes mais en enlevant le roi de carreau. Obtient ainsi un jeu de 51 cartes.	

Lorsque ce tri a été effectué, vous avez un premier ensemble de 26 cartes constitué par les cartes impaires de pique et de cœur, plus les cartes paires de trèfle et de carreau. Vous mélangez ces 26 cartes de façon aléatoire.

Vous faites un autre ensemble des même cartes en enlevant le roi de cœur, soit un ensemble de 25 cartes. Vous disposez ces cartes dans le même ordre que celui du mélange précédent et vous placez ces 25 cartes sous le paquet des 26 cartes précédentes. Ainsi deux cartes identiques seront éloignées au maximum l'une de l'autre. Vous obtenez un premier jeu de 51 cartes.

Le deuxième jeu est préparé de façon identique mais avec les cartes paires de pique et de cœur, plus les cartes impaires de trèfle et de carreau. Vous enlevez le roi de carreau pour obtenir la série de 25 cartes.

Vous remarquez que les deux jeux ainsi préparés ne comportent chacun aucune des cartes qui figurent dans l'autre. C'est l'astuce fondamentale du tour. Il faut ensuite donner au spectateur l'un des jeux qui ne contient pas la carte choisie.

Mise en place des jeux triés

Chacun des jeux de 51 cartes est entouré par deux bracelets de caoutchouc mis en croix et glissé dans une enveloppe qui est scellée par collage ou autre cachet plus spectaculaire.

Les enveloppes sont placées séparément dans deux coupes ou d'autres récipients ; un coupe-papier peut être posé sur chaque enveloppe. Ces récipients doivent être situés dans deux endroits éloignés l'un de l'autre, par exemple sur deux tables situées d'un côté et de l'autre de la scène.

Système de distribution de cartes

Pour pouvoir mettre dans une poche de votre veste la carte choisie, il faut un système qui vous permet de vous emparer discrètement de la carte désignée par le spectateur. Différents classeurs de cartes existent.

La technique proposée par Ted Lesley dans son ouvrage *Para miracles* est particulièrement simple. Elle consiste à faire quatre paquets de 13 cartes, chacun comprenant une famille classée dans l'ordre de l'as au roi. Un bracelet de caoutchouc entoure le bas de chaque paquet. Deux petits paquets, pique et cœur, sont placés, l'un sur l'autre, dans la poche gauche du pantalon et les deux autres, trèfle et carreau, dans la poche droite. Au toucher, avec un peu d'entraînement, vous pouvez rapidement retrouver une carte donnée.

Le travail caché du magicien

En demandant à plusieurs personnes d'écrire le nom de cartes quelconques sur différents papiers qui sont tirés au sort, vous insistez sur le fait que la carte choisie finalement par le spectateur Paul est vraiment aléatoire. Vous laissez les spectateurs faire eux-mêmes les différentes opérations afin qu'on ne puisse pas vous accuser d'une quelconque manipulation.

Lorsque le nom de la carte est choisi, vous déterminez sans peine le jeu qui doit être remis à Paul. Il suffit de se rappeler le type de tri des cartes :

Premier jeu : pique et cœur, cartes impaires ; trèfle et carreau, cartes paires. Second jeu : pique et cœur, cartes paires ; trèfle et carreau, cartes impaires.

Vous pouvez indiquer presque immédiatement l'enveloppe scellée contenant le jeu que Paul doit aller chercher lui-même dans le récipient désigné. Il faut évidemment ne pas se tromper. Si la carte choisie se trouve dans le premier jeu, vous devez prier Paul d'aller chercher le second jeu dans lequel *ne se trouve pas la carte choisie*.

Le spectateur Paul doit compter les cartes de telle sorte que l'ensemble du public entende nettement ce comptage. Il vous faudra un micro pour Paul si le public est nombreux. Vous pouvez demander à Paul de compter assez rapidement « pour ne pas lasser l'auditoire », dites-vous. Comme Paul doit faire attention en même temps à surveiller l'apparition de sa carte, il ne pourra pas remarquer que des cartes semblables reviennent après la vingt-sixième.

Finalement, Paul compte cinquante et une cartes et ne trouve pas sa carte. « C'était bien une véritable prémonition », dites-vous en ayant l'air stupéfait. Le public se rend compte que vous avez enlevé une carte dans le jeu avant le début du tour, et que cette carte est précisément celle choisie.

Pendant que Paul compte les cartes, vous avez le temps de trouver dans vos poches de pantalon la carte choisie parmi les quatre paquets de familles. Vous pouvez être près du public durant toute la première partie du tour et les regards du public se tournent alors vers la scène. Après avoir trouvé la bonne carte, vous la glissez dans une poche vide de votre veste. Revenant sur scène, vous demandez à Paul de prendre dans votre poche de veste ce qu'il trouvera. Il sort la carte qui manque dans son paquet.

Sympathie cartomagique

Montrer qu'une certaine sympathie vous fait choisir une carte assez semblable à celle d'un spectateur est toujours troublant. Surtout si votre spectateur est une spectatrice.

Ce que voient et entendent les spectateurs

Le magicien mélange un jeu de cartes. Il demande à une charmante spectatrice de couper le jeu en deux paquets à peu près égaux. Prenant l'une des moitiés du jeu, il distribue sur la table cinq cartes, faces en bas.

Il prend au hasard l'une des cartes qui sont sur la table et la remet à la spectatrice après l'avoir retournée face en haut. Il demande alors à la spectatrice qu'elle est son signe du zodiaque et, par hasard, il se trouve que le magicien est du même signe. Naturellement, dit-il, un certain phénomène de sympathie a lieu entre les individus de même signe et cela se répercute sur les choix qu'ils peuvent faire.

Il demande à la spectatrice d'effleurer les quatre autres cartes qui se trouvent sur la table et finalement de s'arrêter sur l'une d'entre elles si elle ressent un certain frémissement dans les doigts. Si rien ne se passe, elle choisira une carte au hasard. Le magicien ramasse les trois cartes qui n'ont pas été désignées et il les pose, toujours faces en bas, sur le dessus du paquet qu'il tient toujours en main. Il fait de même avec la carte que lui rend la spectatrice. Il reste donc sur la table la carte choisie par la spectatrice.

Le magicien lui demande de prendre l'autre moitié du paquet, de la retourner faces vers le haut et d'insérer sa carte, face en bas, quelques part au milieu du paquet. Il rappelle que les signes du zodiaque possèdent certaines vibrations empathiques. Disant cela, il recherche dans son paquet une carte qui serait en sympathie avec celle choisie par la spectatrice. Il retire alors une carte de son paquet, retourne celui-ci faces en haut et il insère cette carte face en bas dans le milieu du paquet.

La spectatrice est priée de retourner faces en bas son paquet de cartes et le magicien fait de même. Puis chacun étale ses cartes sur la table. Une carte face en haut apparaît dans chaque étalement. Pour la spectatrice, le roi de cœur et pour l'étalement du magicien, la dame de cœur. Quelle sympathique coïncidence.

Le travail caché du magicien

Un simple petit travail de préparation est nécessaire. Vous placez les quatre rois sur le dessus du jeu avant le début du tour.

Lorsque vous avez distribué cinq cartes sur la table, les quatre premières sont les rois et vous donnez la cinquième carte qui est quelconque à la spectatrice.

Après qu'elle a fait son choix, vous ramassez les trois rois restants et vous ajoutez dessus la carte que vous rend la spectatrice.

Sous prétexte de choisir une carte à votre tour, en sympathie avec la carte de la spectatrice, vous feuilletez vos cartes ce qui vous permet de voir quel roi a été choisi par la spectatrice.

Si elle a choisi le roi de pique, par exemple, vous pouvez choisir la dame de pique. S'il s'agit d'un spectateur, la sympathie vous fait choisir le roi de trèfle, de même couleur que celui du spectateur.

Vous pouvez naturellement améliorer la difficulté de préparation du tour en utilisant un jeu biseauté. Les quatre rois sont alors mis dans le jeu à contre sens et le jeu peut être donné à mélanger à la spectatrice. Les quatre rois sont ensuite ramenés sur le dessus du jeu.

F. M. LaCave Pinx. et Sculp. 1737

Épilogue

« L'illusionnisme est vieux comme le mensonge et le mensonge est vieux comme le Monde »
Allégorie de la simulation – Peinture de Lorenzo Lippi (17e siècle) – Musée d'Angers

La présentation avant toute chose

Connaître le mécanisme d'un tour est une chose, savoir le présenter aux spectateurs en est une autre. On ne sait pas un tour parce qu'on connaît le truc, pas plus qu'on ne sait interpréter une partition de violoncelle parce qu'on vient de l'acheter. Il faut donc réfléchir à la présentation de chaque tour que l'on veut faire et travailler celle-ci autant que la technique elle-même.

C'est essentiellement la présentation qui fera la valeur d'un tour. Les astuces mathématiques, les trucages, ne sont que des techniques au service d'une expérience qu'il appartient au magicien d'interpréter. On peut affirmer que l'intérêt qu'éprouve le public pour un tour dépend pour une très grande part de cette présentation.

Le magicien doit être à la fois un bon apprenti capable de maîtriser toutes les techniques d'un tour mais également un bon comédien dont la personnalité, les inventions de détail, feront la valeur du tour. Il doit être capable d'inventer un scénario pour que le tour devienne plus crédible et plus intéressant. Ce doit être également un bon metteur en scène. « Il n'y a pas de bons ou de mauvais tours, il n'y a que des tours bien ou mal présentés » a écrit un des maîtres de l'illusionnisme.

Au cours de son remarquable ouvrage, *Magie et mise en scène*, Henning Nelms développe l'idée fondamentale de la différence entre la présentation peu intéressante d'un *truc*, et celle, vraiment magique, d'une *illusion*. Selon Nelms, un truc est ce qui met au défi les spectateurs de trouver « comment ça marche » alors qu'une illusion est ce qui est capable d'inciter le spectateur à ne même pas se poser la question mais à être simplement sous le charme du spectacle.

Cette différence fondamentale tient en grande partie au fait que l'illusionniste a su, ou non, donner un certain *sens* à ses tours, une certaine *signification*. Ainsi que le note Elms : « Beaucoup de gens trouvent les tours de magie ennuyeux. Ils ont le sentiment qu'un divertissement, quel qu'il soit, devrait avoir un sens. Lorsqu'ils n'en trouvent pas dans un tour, ils baillent. »

Être montreur de trucs — comme on peut être montreur d'ours — permet toujours de trouver un public curieux et indulgent. Mais le véritable artiste en magie est celui qui arrive à créer une illusion, au sens de Nelms.

Chacun doit trouver le style qui convient le mieux à sa personnalité. Une présentation humoristique peut être la bienvenue, le public étant venu pour se divertir. Mais il est préférable d'éviter les calembours et jeux de mots (laids) souvent d'une banale pauvreté. Divers effets comiques peuvent être puiser dans le répertoire des grands classiques : la maladresse, la mésaventure, le leitmotiv sont des techniques parmi les plus utilisées.

Le style dramatique est une autre possibilité de mise en scène. Les tours dits de mentalisme se prêtent également fort bien à des présentations où le mystère peut recréer quelques instants une troublante magie ancestrale dont les hommes semblent nostalgiques.

L'illusionnisme fut durant des millénaires l'auxiliaire des sorciers, des devins et des magiciens. En devenant un spectacle, cet art s'est dépouillé du prestige dont les pratiques de la magie l'avaient paré.

Nouveaux magiciens, les illusionnistes n'ont souvent pas conscience d'être les héritiers de très anciennes pratiques magiques, entendues au sens premier du terme, c'est-à-dire appartenant au domaine du surnaturel. Tel est, par exemple, le mot *Abracadabra* qui était un « maître mot de la magie guérisseuse » et qu'on portait au cou en guise d'amulette écrit sur un parchemin ou une plaque métallique. La baguette magique est également un héritage des sorciers et des fées. Autrefois, cette baguette devait être faite de coudrier portant une bague d'acier à chacune de ses extrémités.

Ce qui, auparavant, était l'objet de respect ou de réprobation, est actuellement devenu un jeu. Ce phénomène se retrouve d'ailleurs dans d'autres domaines où l'on assiste, au cours des siècles, à une dégradation de pratiques réputées sérieuses en simples divertissements. Ce jeu présente-t-il encore de nos jours un certain intérêt, en dehors d'un amusement pour enfants, peuvent se demander nombre de « grandes personnes » ?

La magie ludoéducative

Parmi les bienfaits de la pratique d'un tel jeu, l'intérêt pédagogique semble évident sous bien des points de vue. Beaucoup d'enfants n'ont aucune attirance envers les mathématiques et sont rebutés par l'aspect abstrait et sans applications concrètes de cette science. Comment la rendre plus attractive ?

Considérons l'exemple de l'enseignement élémentaire où une méthode ludique se pratique pour l'enseignement de la géométrie. Les techniques de pliage associées aux mathématiques se sont développées dès le 19e siècle principalement en Allemagne. En France, le pliage fut officiellement introduit dans l'enseignement élémentaire en 1882 pour initier les enfants à la géométrie. On trouve dans certains manuels scolaires du début du 20ᵉ siècle des pliages traditionnels comme le bateau ou la salière.

Pour un enfant ou un adolescent aborder la géométrie sous l'angle du pliage, c'est toucher du concret, manipuler quelque chose de palpable et non de purement abstrait comme un dessin au tableau. Il pourra ainsi assimiler une multitude de connaissances mathématiques avec plaisir et tout en douceur.

En ce qui concerne la mathémagique, certains tours sont simplement basés sur un calcul mental assez élémentaire. L'enseignant peut, par exemple, faire un tour de divination d'un nombre pensé qui intriguera les élèves. Puis il peut demander de découvrir la méthode qu'il a employée pour parvenir au résultat. Si le processus est trop difficile à imaginer, l'enseignant expliquera lui-même le processus. Sans doute les enfants seront-ils très fiers de faire le tour à leurs parents et connaissances ce qui pourra les inciter à s'intéresser à l'arithmétique.

D'autres tours plus difficiles concernent des mathématiques plus élaborées. Partant d'un tour dont le résultat est hautement improbable, le professeur peut faire calculer précisément la probabilité pour que ce résultat apparaisse. La probabilité si minime qui résulte du calcul montre alors qu'un trucage quelconque a été introduit au cours du tour. Bien d'autres exemples peuvent s'imaginer pour motiver les élèves par le biais de la mathémagique.

Développer le sens critique par la magie

L'étude des procédés de l'illusionnisme développe le sens critique à un haut degré. Elle constitue un excellent entraînement à discerner ce qui est réel de ce qui est artificiel. L'illusion joue un rôle important dans toutes les branches des connaissances humaines ; l'examen approfondi des procédés mêmes de l'illusion a un effet bénéfique dans le développement du jugement des individus.

On peut citer à ce propos ce qu'a écrit Auguste Lumière (1862-1954), membre correspondant de l'Académie des Sciences, qui, outre ses travaux sur la photographie et la biologie, fut un amateur passionné de l'illusionnisme :

L'étude des techniques de l'illusionnisme doit nous permettre de découvrir souvent des causes d'erreur dans des raisonnements apparemment judicieux.

Parlant d'une théorie qu'il a été amené à réfuter, Auguste Lumière continue :

J'attribue pour une grande part à l'étude des traités concernant l'illusionnisme, la possibilité de ne pas m'être laissé tromper par ces apparences, et maintes fois, dans ma longue carrière, il m'est arrivé de redresser des notions classiques grâce aux disciplines que je dois à cette étude.

Bibliographie

ALZARIS STEFAN, *Illusionnisme et Magie*, Flammarion, 1999.

ANDERSON GENE & MARSHALL FRANCES, *Newspaper Magic*, Magix, Strasbourg, 1998.

BACHET CLAUDE-GASPARD, SIEUR DE MÉZIRIAC, *Problèmes plaisants et délectables qui se font par les nombres*, Albert Blanchard, 1993.

BARTHÉLEMY GEORGES, *2500 ans de Mathématiques*, Ellipses, 1999.

BELNA JEAN-PIERRE, *Histoire de la logique*, Ellipses, 2005.

BIBLIOTHÈQUE SCIENTIFIQUE, *La science des nœuds*, Belin – Pour la Science, 2001.

BOSCAR, *Dix séances d'illusionnisme*, Imprimerie Vulliez et Chiot, Joigny, 1928.

BOURSIN DIDIER & LAROSE VALÉRIE, *Pliages et mathématiques*, ACL – Les éditions du Kangourou, 2000.

CASIRO FRANCIS, *Les kangourous de Poincaré*, ACL – Éditions, 1997.

CHEVALY MAURICE, *Sorcellerie d'hier et d'aujourd'hui*, Autres Temps, 1993.

DELAHAYE JEAN-PAUL, *Les inattendus mathématiques*, Belin – Pour la Science, 2004.

DIF MAX, *Histoire illustrée de la prestidigitation*, Maloine, Paris, 1986.

DUVILLIÉ BERNARD, *L'émergence des mathématiques*, Ellipses, 2000.

FIELDS EDDIE & SCHWARTZ MICHAEL, *The « Best of » du jeu Ultra Mental*, Joker de Luxe, 1998.

ERNST BRUNO, *L'aventure des figures impossibles*, Benedikt Taschen, 1990.

FOURREY E., *Récréations mathématiques*, Librairie Vuibert, 1947.

GALIKOFF YVAN, *Dictionnaire de l'occultisme et de la magie*, Jean de Bonnot, 1992.

GARDNER MARTIN, *Mathématiques, magie et mystère*, Dunod, 1966.

GUILLEMIN FANCH, *Histoire de la magie blanche, avant Robert-Houdin*, Ar Strobineller Breiz, Brest, 2000.

HILLIARD JOHN NORTHERN, *Tours de cartes modernes*, Payot, 1954.

HLADIK JEAN, *La Prestidigitation*, Presses Universitaires de France, 2004.

HUGARD JEAN, *Encyclopédie des tours de cartes*, Payot, 1970.

LAMARQUE PHILIPPE, *Histoire de la sorcellerie en France et dans le Monde*, Trajectoire, 2003.

LESLEY TED, *Para miracles*, Magix, Strasbourg, 1996.

LOCHER J. L., *Le monde de M.C. Escher*, Éditions du Chêne, 1972.

MASKELYNE NEVIL, *L'art dans la magie*, Magix, Strasbourg, 1989.

NELMS HENNING, *Magie et mise en scène*, Magix, Strasbourg, 1983.

PICKOVER CLIFFORD A., *Oh, les nombres !*, Dunod, 2001.

POINCARÉ HENRI, *La science et l'hypothèse*, Ernest Flammarion, Paris, 1902.

RICHARDSON BARRIE, *Mental Magic,* Magix, Strasbourg, 2002.

ROBERT HOUDIN, *Confidences d'un prestidigitateur*, Calmann Lévy, 1881.

ROBERT HOUDIN, *Magie et physique amusante*, Calmann Lévy, 1885.

SMULLYAN RAYMOND, *Quel est le titre de ce livre ?*, Dunod, 1997.

STEVENSON AL & IAN MAGIC, *Le "Best of" du jeu biseauté*, Joker de Luxe, 1998.

STRAUSS WALTER L., *The complete engravings, etchings & drypoints of Albrecht Dürer*, Dover, New York, 1973.

TANGENTE, *Jeux mathématiques*, Éditions Pole, 2004.

VESSEREAU ANDRÉ, *La statistique*, Presses Universitaires de France, 1992.

VOLLMER RICHARD, *Le principe de Gilbreath*, Magix, Strasbourg, 2000.

VOLLMER RICHARD, *Petite anthologie des tours de cartes automatiques*, Tome 2, Magix, Strasbourg, 1987.

VOLLMER RICHARD, *Petite anthologie des tours de cartes automatiques*, Tome 9, Magix, Strasbourg, 2005.

WILD BORIS, *Le jeu marqué « Boris Wild »*, Magix, Strasbourg, 2004.

Table des matières

Achevé d'imprimer en septembre 2006 par Normandie Roto Impression s.a.s, 61250 Lonrai
N° d' impression : 05-2843 - Dépôt légal : septembre 2006 - Imprimé en France